铁葫芦 | 文艺馆

铁葫芦

张发财、破破的桥、郝舫、邵夷贝、
文冤阁大学士、叶扬（独眼）火辣点评

晓说

高晓松◎著

2

北京联合出版公司

目录
Contents

第一期

高晓松刨根问祖
揭秘欧洲列强恩仇录

文冤阁大学士 点评

先讲英法德。英法这两个国家，从历史课本里看，特别是说到"一战""二战"的时候，这两个国家老是像同盟似的，"一战"时它们一块跟德国、奥匈帝国打，"二战"也是它俩一块跟纳粹德国打，仿佛它俩特别好。

其实**这两个国家是极其不对付的，互相极为看不起**。我分别去过这两个国家很多次，还都待过很长时间。英国跟整个欧洲大陆都不太对付，英国跟欧洲其他国家，在文化、历史、心态上都不一样。英国是一个岛国，曾经"日不落"到全世界去。而法国曾经是整个欧洲文化的中心，**那么多国家的王室都说法语**，到今天也是。

美食也是在法国，时尚也是在法国，英国就没什么时尚的东西吧？**英国唯一还算著名的牌子叫** Burberry，还是做雨衣的，一直做雨衣，后来快倒闭了，请了一个法国还是意大利的设计师来改造了一下，**把英国雨衣改成了时装**，所以 Burberry 的样式也是素了吧唧的，感觉还是像下雨的时候穿的那玩意儿。

法国人特别看不起英国人，觉得英国人土极了。英语里不光有大量的高级词是

△ 英国人叫法国男人是 frog，呱呱叫的青蛙（男孩顺理成章就是 tadpole，蝌蚪——咱上海人雅称"摩温"）。拿破仑大爷则有一比 LV 精贵多了的比喻："夫英吉利，小商小贩之国也"，a nation of shopkeepers。

△ 悲催的托尔斯泰《战争与和平》里多少法语啊！

△ 你把我家邻居小妹最爱的 The Body Shop 置于何地？

△ 雨衣和时装，共同点就是：都很水。

△ 英语里有个厕所叫 loo 啊，一冲水，waterloo，拿破仑大爷躺枪吧。

△ 英国人还要饭馆干啥，那饭是人吃的吗？

△ 何止啊，苏格兰都有，爱丁堡市中心七八"膀子"一份。

△ 我也想回到老上海，夹着雨伞、戴着礼帽，站在外滩和平饭店门口——为您拉开宾利车门。

△ 小学生该谢谢决策的同志，否则奥数搞不起来。

△ 明年它们不分家，搞英格兰和威尔士镑抗衡苏格兰镑，旅游人士就谢天谢地吧。

从法语里来的，连厕所"Toilet"都是法国词，**英文连"厕所"都没有自己的词**；然后**"饭馆"也是法国词**，到了英国改为"Restaurant"。法国人认为这个国家没文化。基本上好玩的词、有意思的词都是从法语里来的。

英国也没好吃的，**在英国南部的英格兰有一种食物叫 Fish& Chips**，就是炸鱼薯条，你到伦敦会发现，满大街都是这类店。法国却有无数美食。英国人也不太会穿衣服，**英国人就喜欢夹着雨伞、戴着礼帽，**法国人却非常时尚。

这两个国家之间互相不对付到了什么地步呢？比如，全欧洲最后都执行了以法、德为中心的公制——近代中国在法、德的公制（就是米、公里、公斤）和英国的所谓英尺、英里、磅之间，也**选择了公制**。我要是在英国，我就是一个五呎十寸高、一百八十磅的人；我要在法国，我就是一米七八、八十多公斤的人。

这在欧洲其他国家都是基本统一的，都使用法、德的这个体系，英国却跟它们都不一样。现在欧洲其他国家都用欧元，**就英国非要用英镑**。英国人从内心深处觉得他们跟欧洲大陆是很敌对的。法国人对英国人的仇视远远超过对德国人，虽然法国跟德国打了好多次仗，比如普法战争——那时候还没德国呢，叫普鲁士——"一战"的时候跟德国打，"二战"的时候跟德国打，**但是在这之前法国跟英国打得更多。**

法国人**内心深处**是怎么想的呢？我给大家举个例子：法国著名的作家萨特写过一篇文章叫作《占领下的巴黎》。他怎么写的呢？他说德国人又来了，又占领了巴黎——他是说"二战"的时候纳粹占领了巴黎。法国人心里充满仇恨，因为原本法国人觉得自己特别光荣、特别骄傲，可怎么又被德国人占领了？1870 年法国就被德国占领过，大家可能看过都德的小说《柏林之围》，**他还有篇小说叫《最后一课》。**巴黎人民每天怀着抗德的仇恨，恨不得回家磨磨刀，或者把绳子准备好去**套德国的哨兵什么的，**可是出门看见德国军官们不但长得特帅，并且见着女士还给人开门，去歌剧院听歌剧的时候还特懂行，德国人对古典音乐的理解丝毫不比法国人差，**甚至比法国人还好。**德国军官在各方面都很有礼貌，吃饭也不**吧唧嘴，**特别有绅士风

△ 圣女贞德就是一例。

△ 你说你咋老"内心深处"啊？你是庄子还是惠子？

△ 感谢语文课，让我知道"法"国有个人叫都"德"——带路党嫌疑啊！

△ 蒙古人，错不了！成吉思汗看来不止打到匈牙利，法兰西也去了。

△ 当年法国不解放，如今欧债无危机。

△ 听取蛙声一片。

度，等等——这可不是我说的，是萨特说的！

所以巴黎人就开始纠结。直到有一天，当萨特走出去，有一个德国人居然替他开了门，然后他出于礼貌——法国人很有礼貌，冲那个德国人笑了一下。回到家他就开始痛恨自己，说我今天居然向侵略者笑了一下，这可不行。这时候他才打开英国的电台BBC，因为当时只有英国没被占领，**听听BBC，培养一下对德国的仇恨。**

"二战"法国战败，实际情况非常复杂，我只讲一点，其实在"二战"的时候，英国跟法国倒狠狠打了一下。当时利比亚被德国占领，阿尔及利亚、突尼斯、摩洛哥都是法国殖民地，**北非在法国手里**——在**维希**政府手里。英美在北非登陆之前，法国人坚决不让英国人、美国人上来，以至于在北非跟英国人好好打了几仗。大家想从北非登陆，当时英国人就跟维希法国打，后来德军才从东边的突尼斯过来。

从传统上来说，法国是欧洲的中心，**法语是欧洲的骄傲，**到今天为止，**它也一直是欧洲文明的中心。**在时尚、美食、音乐等方面，法国人都非常看不起英国人。

△ 就像我们美领馆签证被拒，都回来刷作家崔成浩的围脖。

△ I fell in love with you in 卡萨布兰卡。

△ Vichy，现在叫"薇姿"咯。

△ 法语的骄傲是小舌头，俄语是大舌头。

△ 米开朗基罗和教皇都哭了。

这种看不起到了什么程度呢？在法国，如果大家听不懂法语，想学一两句法语的话，刚开始可能会学一句话叫"Parlez-vous anglais？"意思就是说你会不会说英文。你去法国跟人说"你会英文吗？"法国人会说你什么意思，你不会法文，你没文化，你凭什么让我说英文——其实他会说。

你怎样才能让他跟你说英文呢？你不能问"Parlez-vous anglais？"你要用法语问他们：Pouvez-vous parler chinois？就是"会不会说中文"。法国人特别有礼貌，一听你问他会不会中文，他当然不会，他挺不好意思，就会跟你说："我不会说中文，但是我会说英文。"**这时候他就可以说英文了。**所以去法国，一定不能问人家会不会说英文，**得问人家会不会说中文。**

德国1870年成立，才真正有了这个国家，所以它始终没能对法国造成文化上的影响，而且它们之间的联姻还很频繁，两国的关系还不错。

我们前面说到英国对整个欧洲大陆都看不起，但是就英德之间与英法之间来说，英国人更看不上法国人，并且极为仇视。英国跟德国还行，它俩其实是一家子，唯

△ 法国人看来不是骄傲，是骄二。

△ 记住了，下回在香榭丽舍大街问路，一定要拿"Can you speak Chinese?"招呼他。

△ 德国，Germany。Ger就是"折"腾的"折"。Many就是说"好多"年啦。所以，折腾好多年，就是Germany——谁拦着我去新东方教GRE词汇，我跟谁急！

一的问题就是打仗时死了不少人。英国现在的王室都姓温莎，但他们原来不姓温莎，而是姓一德国姓——科堡。现在德国有一个地名就叫科堡，在德国的正中心。

这两个国家在"一战"中开战的时候，德国的皇帝叫威廉二世，跟英王乔治五世是表兄弟。维多利亚女王嫁的就是一个德国人——萨克森-科堡-哥达王朝的阿尔伯特王子，所以以后的英王都姓科堡，她的大女儿也叫维多利亚，嫁给了德皇腓特烈三世。"一战"时，德皇是维多利亚女王的外孙子，英王是维多利亚女王的孙子。所以他俩的关系有点贾宝玉跟林黛玉的关系，林黛玉是外孙女，贾宝玉是孙子，**维多利亚女王就是欧洲的贾母，欧洲就是一大观园**。但在这之前，欧洲王室都是以法国为核心的。

尽管英、德是一个姓，但宣战之后，却越打越残酷。最后英国就开始恨德国，恨到什么程度呢？所有跟德国有关系的东西都不行，**连德国种的狗，那时候在英国都被人一通乱打**。英王乔治五世觉得这不太好，说现在两国正打着仗，我怎能还姓德国姓，就在 1917 年下了诏书，把英国

△ 仰脖一口"川宁"，我代曹雪芹喷了。

△ 我关门放两条黑背，也就你敢打。

王室的姓从"科堡"改成了他们王室度假城堡的名字——温莎。温莎这个姓在英国王室的传统，实际上是从 1917 年才开始的，**到现在还没有 100 年。**

至于法、英，这俩真不是兄弟，而是一对死仇敌。而且我觉得随着英语世界越来越大，法国人内心深处的不平衡估计还会持续很久，**这就是这三个大国之间的恩怨。**

大家都知道欧债危机、欧元区危机，就是意大利、葡萄牙、西班牙、希腊这几个国家的事儿。加入欧元区之后，这个使劲花钱，那个也使劲花钱，这四个国家经济又最差，挣的不够花的，这就是所谓的欧债危机、欧元区危机。这四个国家有一个有意思的名称，叫作 PIGS，就是把这四个国家的头一个字母连起来，叫 PIGS。

这第一个就是 Portugal，P 打头的葡萄牙；Italy，I 打头的意大利；然后是 G 打头的 Greece，这是希腊；还有 S 打头的 Spain，西班牙。所以合起来就是 P-I-G-S，PIGS，这四个经济上问题最多的国家，拖了欧洲的后腿。

△ 到了百年，也是孤独。

△ 话说欧洲大事，分久必合，合久必分。又道是，欧战多少事，都付笑 tank 中。

第一期·高晓松刨根问祖 揭秘欧洲列强恩仇录 文冤阁大学士点评

△ 我常常怀疑，印度尼西亚有多少岛屿，苏联就有多少加盟国，一级一级的——你听说过"安利"吗？

△ 我至今不了解这段历史。一个"春"字荡开去，于我，总是烟花三月和韦爵爷。当然，韦爵爷是有很高的革命觉悟。

下面讲重点的。前社会主义国家有罗马尼亚、保加利亚、波兰、捷克、斯洛伐克、匈牙利。以前苏联也很大，除去俄罗斯，**现在分成了白俄罗斯、乌克兰，加上波罗的海周边的小国等**。即使它们有共同的信仰、基本价值观等被人叫作普世价值的东西，它们之间的矛盾（其实是文化矛盾）也非常非常深。这些东欧的前社会主义国家非常强烈地痛恨苏联，当然也包括俄罗斯。因为过去，在这些国家中爆发过的起义也好，革命也好，运动也好，风波也好，不管它叫什么，都被镇压了，其中最著名的就是大家都知道的**"布拉格之春"**。1968 年捷克人民起义，在布拉格被苏军的坦克开来镇压了，1956 年匈牙利也爆发过自由运动，也被苏军镇压了，苏军把人家总理都枪毙了。

在同一年，1956 年，斯大林死了以后的几年，波兰有很多不安定因素，在波兰的波兹南，爆发了"波兹南惨案"，有的也叫"波兹南事件"，就是一大批工人走上街头，有十几万人，举行抗议活动。苏联没有直接出兵，因为当时波兰的党和政府非常听苏联的，直接派了一万多军警前去镇压，打死了 70 多人。这些东西深埋在这些东欧国家的心里。

在所有的这些仇恨里，捷克就非常仇视俄国。**我在布拉格的时候，**专门去看过当年"布拉格之春"那个广场，到今天，捷克人民所有大规模的游行、示威或者集会，还会在那里进行。那里有一个很大的博物馆，就是纪念"布拉格之春"的。因为伟大的捷克作家米兰·昆德拉写了《不能承受的生命之轻》，这本小说以及后来的同名电影（中国译成《布拉格之恋》），让全世界人民都记住了"布拉格之春"。

但是，这些仇恨加起来，也没有波兰对俄国的仇恨大，为什么呢？我今天重点讲一下波兰跟俄国之间的世仇。好多人问我，说俄国这么点儿面积在欧洲，那么多面积在亚洲，为什么没几个人把俄国当作亚洲国家？因为俄国主要的文明、城市，**主要的工业、农业、商业都在欧洲这个地区，**所以俄国当然认为自己是欧洲国家。

西方人也认为俄国是欧洲国家，西方人从来不认为柴可夫斯基、肖斯塔科维奇

△ 让我想起《围城》里最著名的句子："兄弟我在英国的时候。"

△ 西伯利亚集中营是著名的劳动密集型产业试点园区。

△ 我至今认为他们是北方人，比赵本山再北点儿。

△ 奥匈帝国末代皇帝驾崩前的感叹：队伍不好带。

△ 这就是知识分子和识字分子的根本区别。

这些伟大的音乐家或者托尔斯泰这样伟大的作家是东方人，**都认为他们是西方人。**还有土耳其，就一点儿在欧洲，其余那么大面积都在亚洲，却也参加欧洲杯，不参加亚洲赛事，这是为什么呢？实际原来的土耳其很大，原来希腊那些地方，全都属于奥斯曼土耳其帝国。"一战"中奥斯曼土耳其帝国战败以后，希腊独立了。欧洲原来没那么多国家，经过几次大战以及后来的"东欧剧变"，**开始民族自治，欧洲才有了这么多小国家。**

再说波兰跟俄罗斯。波兰跟俄罗斯的世仇可以推到很多很多年前，波兰最开始被灭国，罪魁祸首就是俄国、普鲁士和奥匈帝国。所以波兰人民的爱国热情是**无数代波兰伟大的知识分子传下来的，**包括当年旅居法国的很多波兰知识分子，包括肖邦在内，那些怀念故国的爱国情操一直存在。波兰三次被灭国，三次都重新站起来，继续成为一个伟大的国家。

第一次瓜分波兰，俄国参加了，第二次瓜分波兰，俄国也参加了。"一战"以后，这两个国家打过一次大仗，叫波苏战争。因为"一战"以后原来被灭亡的波兰复国了，复国了以后便老觉得自己的地盘不够，原来那么大，后来只有这么小，所以波兰就支持苏联境内的白匪军（当时苏维埃政权刚成立，境内有很多白匪军），想推翻苏维埃政权，**由此结下了深仇**。于是苏维埃镇压了白匪军以后还不停歇，一路打到华沙城下。苏军当时是以 29 岁的优秀统帅图哈切夫斯基（后来也是苏军的元帅）为首，围困了波兰，但是最终还是被波兰打败了。波兰那么小一个国家，把强大的苏军打败了，打败以后，苏联还割让了一点儿土地给波兰，由此结下了又一次仇恨。

再讲更重要的一次，我们当年所得到的解释，关于第二次世界大战爆发是这么讲的，说 1939 年 9 月 1 日，德国侵略波兰，爆发了第二次世界大战。而在西方所有的课本里讲的是，1939 年 9 月，**德、苏两国一起侵略波兰**，共同进攻并瓜分了波兰，由此爆发了第二次世界大战。苏、德两国有互不侵犯条约，但是这个《苏德互不侵犯条约》里有一条就是共同瓜分波兰，所以"二战"的爆发始于德国从西边进攻波兰、苏联从东边进攻波兰。

二战起因？

△ 押错宝了。

△ 真相是真相，假相是假相。但部分真相可能是全部假相。此为一例。

当时苏、德两边说好了，以布格河为界。这个布格河在哪儿？布格河就在现在波兰的边界。当时说好布格河西边是德国占领，东边是苏联占领，可是大家看到现在的波兰，河东边没有波兰的地方，为什么呢？

因为"二战"爆发以后，苏、德共同占领了波兰，苏联在布格河以东一个叫卡廷森林的地方屠杀了两万多名已经放下武器的波兰军官和知识分子。"卡廷森林事件"是波兰跟苏联之间最大的心结，因为苏联一直都不承认，直到后来苏联解体，俄国公布了当年的档案，最终承认了此事。

"二战"结束的时候，苏联是战胜国，波兰的流亡政府在英国流亡，当然苏联就不让这个政府回国，而是在波兰境内扶持了新的政府，并与之达成了一个协议。

苏联说，你看我帮你解放了这个国家，**你干脆把这块原来被我占领的地方就归了我吧。**于是苏联在"二战"中占领的有1300多万人口的波兰土地就归了苏联。现在这儿是白俄罗斯、乌克兰的领土，当时都叫苏联。

△ 这都答应？"原来星球上有比法国人更二的生物存在啊！"英镑上的达尔文哭了。

可是波兰特别小，后来说补偿一下波兰（当然，战胜国就可以<u>**鱼肉**</u>战败国），把德国的一块土地给你，于是就把德国的奥德河以东的地方，等于是德国最初的发源地，也是曾经最强盛的普鲁士的一大部分补偿给了波兰。补偿之后，波兰又变得很大，德国小了好多。大家可以看看"二战"之前和"二战"之后的德国地图，德国确实是小了很多。德国当时没什么怨言，因为这些地方是东德的，东德也是社会主义国家，加入了苏联阵营。

所以出现了一个特别有意思的地方，就是当时瓜分土地留下的"后遗症"。有个地方是当年东普鲁士的首府，也算是德国民族的发源地，叫哥尼斯堡，是德国的地方。这儿是重要的出海口，所以没有划给波兰，而是划给了苏联。当时这地方周围有三个小国，立陶宛、拉脱维亚和爱沙尼亚，因为它们跟苏联接壤，"二战"中被苏联占领了，"二战"后就划到苏联了。

后来东欧剧变，苏联解体，这几个国家分别独立以后，哥尼斯堡这块地方就不属于它们任何国家了。这原先是德国的地方，"二战"后划给了苏联，苏联解体，

△ "瓜分""鱼肉"，还有啥？对，"蚕食"。咱汉语真是三句不离吃。

Δ 这是外飞地，exclave，也就是本国在别国境内的领土。反之，本国境内的外国领土叫enclave。学点英语，去法国旅游方便。

*哥尼斯堡.
化
加里宁格勒*

这块地方又给了俄国，**所以这块地方叫"俄罗斯飞地"。**当年这块地方叫哥尼斯堡，现在叫加里宁格勒了。大家如果熟悉"二战"，或者熟悉德国、苏联的，可以清楚地知道，叫什么什么堡的，就是德国的地方；叫什么什么格勒的，肯定是苏联的地方。

这个地方其实是欧洲一个很敏感的地方，因为这个地方是德国民族心里永远都想着的，"这是我们的发源地，现在又跟你俄罗斯不接壤，还被你占领着"。至于以后加里宁格勒怎么处理，这不是我应该讲的问题了。我讲的问题是：波兰不但跟苏联有这么多仇恨，而且波兰还被屠杀了那么多人，还有大块土地被苏联抢走了。

还有另外一个大血仇，是波兰人民永远不会忘记的，就是"二战"后期，苏军乘胜前进，在东线打到华沙。华沙在维斯瓦河西边。华沙人民虽然痛恨苏联，但他们更痛恨纳粹，因此数十万华沙人民在强大的苏联红军到了河对岸时就起义了！苏军接到斯大林的命令说，这个起义不是我们发起的，而是在伦敦的资产阶级波兰流亡政府发起的，所以我们坚决不配合这个起义。

华沙人民起义以后，强大的苏联红军就在河对岸看着，一炮不开，一兵不上，一枪不打，看了 63 天，直到华沙全城被夷为平地。这场起义非常惨烈，二十多万华沙人民被屠杀，古老、伟大的华沙城被夷为平地，就因为政治之争，<u>就因为这个起义不是苏联所支持的波兰政府发起的，</u>苏联红军便一直到华沙人民起义军被全部镇压之后，**在华沙已经被夷为平地之后，才开过来**。这些事全都记在了波兰人民的心里。

2012 年 6 月，俄罗斯足球队到了华沙住的某酒店，波兰政府要求俄罗斯队搬出去，为什么呢？因为那个酒店紧挨着波兰人民纪念他们前年因飞机失事去世的总统卡钦斯基的地方。2010 年，他到俄罗斯去参加"卡廷森林事件"70 周年的纪念活动，在去俄罗斯的路上飞机失事了。

波兰人民基于对俄罗斯人难以磨灭的仇恨，**坚决认定这是俄罗斯干的，**是俄罗斯人把他们总统的飞机给弄掉了，所以爆发了大规模的抗议。俄罗斯队在那个酒店住下后，被波兰外交部要求搬出去。

今天讲了东欧这些前社会主义国家跟

△ 读读"二战"苏联打柏林的史料，发现苏联真是"吾道一以贯之"：敌人盟友，待遇相同，都是死路一条。

△ 历史狗血起来，十部《还珠格格》都缠绵不过。

俄国的关系，讲了英、法、德之间的关系，尤其提一下英、法不是兄弟国家，而是相互极为看不起、仇视的两个国家，讲了南边的 PIGS 四国。我希望大家以后看球的时候更多点儿乐趣，不光看球，还看到这些国家之间的历史渊源、背景。

英法两国是一对欢喜冤家，爱有多深恨就有多重。

葡萄牙、意大利、希腊、西班牙这四个经济最差的国家合在一起的缩写正好是PIGS。

"二战"因苏、德瓜分波兰而爆发，在东欧国家也埋下仇恨的种子，几十年后，东欧剧变，苏联解体，欧洲新格局诞生。

张发财 点评

第二期

千年科举那些事儿 （上）

我一直觉得我们汉民族最独特的，跟全世界其他的地方，包括咱们自己的少数民族都不一样的，就是这三个东西——科举、青楼和镖局。这三个东西在相当程度上是伴生的。由于科举制度绵延了一千三百多年，历经了那么多个朝代——每个朝代还不太一样，它对中国各种文化的影响极为深远，几乎是我们的文化最重要的标志之一。我就讲些有意思的科举的事以及我个人的一些想法。

统治者一开始其实并没想出考试这个办法，那时候他是怎么想的呢？从汉朝开始他们就意识到不能再只让皇族管理国家了，就提倡"举孝廉"，谁孝顺就让谁做官，因为孝和忠在他们眼里几乎是一样的。他们认为，你来管理这个国家，你首先得人品好。现在大家爱说"攒人品"，在汉朝你得花好多时间攒人品，攒出人品来，才有人推举你，说你是我们这个县或者这个郡的大孝子，有很多有关孝顺的杰出事迹，比如**"割肉喂妈"**等。妈去世了，得守孝好多年，然后发展到大家比谁守孝时间长，最后就比谁给陪葬的东西多。所以"举孝廉"这个制度刚开始还可以，紧

△ 中国孝文化都变态了，二十四孝之"尝粪忧心"：南齐的庾黔娄极孝顺。他爹生病查不出什么毛病，大夫说你吃你爹的屎，味苦就没啥大毛病。他就吃，屎是甜的，他爹就死了。我只听过糖尿病，原来还有糖屎病。

接着就发生了重大问题：大家为了比谁孝顺，耽误了很多事儿。比如说我为了孝顺，我妈去世我守孝十年，我爸突然又去世了我又再守十年，二十年黄金时光，都耗在这儿了。更严重的是，为了当官，大家就比着孝。

国家当然没有具体统计，但是我看过一些材料，差不多国家三分之一的财富都埋到土里头去了，就为了比谁孝。最后谁得利了？盗墓的得利。盗墓的人很聪明，他一定要盗魏晋以前的墓，尤其是汉朝的墓，因为会有非常丰厚的陪葬品。因为陪葬品越多，大家就认为你越孝，然后就把你推举上去当官了。

"举孝廉"这个方法后来发现不行，在汉末，曹操立了一功。**曹操主张薄葬，说咱不能再那样了，再那样国家也别活了，生产出什么东西都埋土里了**，所以后来陪葬品也少了，选拔官员的方式经过逐步演化，有了九品中正制，其实就是世家子弟当官。不比谁孝顺了，咱们就看谁受的教育比较好，那一定是世家子弟受的教育好，于是就变成几个大家族掌管整个朝政，满朝都是这几个家族的人。"王谢堂前燕"

△ 这事太荒诞了。陈琳骂曹操，其中一条就是说曹操盗墓"特置发丘中郎将、摸金校尉，所过隳突，无骸不露""操帅将吏士，亲临发掘，破棺裸尸"。曹先生，埋土里不浪费啊，你缺钱不就去盗墓吗？整得中原地界全是大坑，开车能把肠子颠出来。

就是说的这样的姓王、姓谢的大家族。淝水之战，从宰相到将军都是谢家和桓家的。

后来觉得这个办法也不太靠谱，因为几个大家族统治国家，他们还不姓皇帝姓，最后就要命了，搞不好就被篡权了。于是，到了隋朝，被称为中国历史上"最大的昏君"的人出现了，他就是隋炀帝杨广。其实这个人早年还是有雄才大略的，他开了大运河，还开疆拓土，中国隋唐时期广阔的国土面积相当一部分就是他奠定的。然后他想了这么一出：干脆咱们考试得了。

于是从隋朝开始，正式有了科举制度。从此，中国就进入了一个上千年来选官相对公平的阶段。今天那么多人说高考不好，其实你也想不出比高考更好的制度，总不能退回到"举孝廉"，谁孝顺谁上大学，也不能退回到九品中正制，谁家世好，谁上大学。所以高考还算基本公平，科举也是。

所以我觉得这套制度的第一个好处就在于它让大量的精英进入到体制，贡献自己的智慧和力量来管理这个国家。文官的言论空间很大，大量的文官敢说敢闹，敢骂皇帝，还敢写各种奏折——因为我是考上来的，不是你提拔上来的，所以我就敢

△ 隋朝时状元这个词还没使用，当时叫进士。中国第一个状元孙伏伽是隋的进士（隋的进士也相当于状元），到唐时被高祖赏识提拔成了侍御史。孙先生瞎说话让唐高祖给双规了。孙这个人很有韧性，不死心，以免官身份参加科举，居然又中了进士（也就是状元），于是做了刑部郎中。搞笑的是，上任后他又瞎说话，然后，又被唐高祖双规了。

说这些话，敢铁骨铮铮。

有一个有意思的事儿：现在的监狱里，各种用语居然都跟过去科举一致。过去的贡院，就是考试的地方，每一间小屋叫一个号（监狱里的黑话都说"你是哪个号的"），穿的衣服叫号服，等等。在每一个号里，有两块特别小的板，在上面蜷着、半躺着能睡觉，也可以用来写字；现在的监狱里也有一块大板。不光如此，监狱里的老大叫"头板"，老二叫"二板"，墙上的铃响了叫"响板"，挺着坐在那儿叫"坐板"。这些话其实都是从科举时代传下来的，可能是被关在监狱的人觉得自己应该光荣点，**所以用的都是当时的科举语言。**

科举考试还传下另一个有意思的话叫"出恭"，就是上厕所。因为科举考试很严格，考官提前一个月就把考生关在号里了，不能出去。考试的时候，三天考一科，在那么小的地方三天不能出去，怎么上厕所呢？申请。**因为怕你出去就作弊了，**你得申请一个"出恭入敬牌"，就是大家得安安静静的，因为那个号一个挨一个，都没有门，你不能打扰别人。领了"出恭入敬牌"才能去上厕所，上完了马上就得回来。

△"号房"一说确实源自科举，考生独立房间就叫号房。离厕所近的叫底号、窄的叫小号、临时搭建的叫席号。考试环境极端不咋地，"数百人夹坐，蒸熏腥杂，汗流浃背"，三天考试出来个个活鬼造型。

△根本拦不住作弊。原来厕所在号里，考生把小抄塞马桶暗层。上厕所时拿出来边屙边抄，巡视的考官很难发现。考场有公厕是后来的事，有时也拦不住，有考生把小抄塞进屁眼里，上厕所时抠出来抄。创意是真创意，就是有点疼，考完唱"菊花残"。

所以后来"出恭"就变成了上厕所的意思，还分大恭、小恭，闲着没事儿放一个屁叫虚恭，意思是没什么真东西。不过，到了殿试的时候，想出恭可不行了，皇上在那儿亲自举行殿试，马上就要出状元、榜眼、探花了，谁也不能去撒尿。后来，考生们发现吃了银杏树的白果能缩尿，于是所有的考生去殿试之前都要狂吃一大筐白果，以免殿试的时间太长，一撒尿，状元没了。

　　其实我觉得现在对高考作弊的处罚力度不够。在古代，科举是国家的根本大计，国家的管理人才都是由科举来的，所以任何涉及科举的罪都是杀头的重罪，毫不留情，因为你犯这样的罪就等于动摇国家的根本。科举里面有各种各样的方法防止作弊，比如准考证上要描述考生的体貌特征，说这个人有痣、有胎记、有胡子等什么什么模样。最有意思的一种方法是要你的亲人以及邻居乡里一起作保，证明准考证上描述的这个人就是你，一旦出现替考，所有作保的人一起连坐，这个惩罚是非常严格的。科举博物馆里还有当时作弊的小抄，叫夹带，那个特有意思，上面的字写得极细，**一个米粒大的地方，能写三个字进去。**

△ 清后期有本《五经全注》是中国古籍字最小、版面最密的私刻本。卖得贼贵，含五经四书全部内容及宋代儒学大师详尽注释。上下两册352页30万字，面积只有火柴盒大小，一毫米一个字居然还很清楚。印刷机从德国引进的，就是为了考试作弊用，考生撅着屁股拿放大镜装福尔摩斯。

△ 科举试前检查：衣服缝拆开，皮袄不能挂面，砚台不准过厚防有夹层，笔管要镂空，用瓷制水注，蜡台要空心通底，吃的要切开。装文具考篮要像大眼丝袜一样能看到里面。最后，考生要穿单衣单裤单皮鞋，摸完脱下来检查身体。所以《女驸马》是扯淡，小丫头要是参加科举得让人摸死。

△ "试期听唱名，攒弁类堵墙。黑鞭鞭人背，跋扈何飞扬。轻者绝冠缨，重者身夷伤；退后迟嗳应，逐出如群羊。贵倨喜醯骂，俚胤甚俳倡……"蒲松龄描述的高考画面，重口味的SM：考生像犯人一样排好队，点名，回答稍慢一点就挨皮鞭抽。马大帅前小舅子彪哥因为磕巴，点名后被抽得瘀血条条，活像条形码。

此外，还有其他很多方法防止作弊，**进考场要脱掉鞋和衣服检查，考生都光着脚**，如果你带了夹带，一旦被发现了，就会给你戴上枷锁。

然后你就会看到考场旁边站着一排人，都各自带着枷锁，意思就是你夹带了，我就给你带枷。

还有方法叫糊卷子、抄卷子。

糊卷子这个跟现在的高考阅卷形式非常相似，就是把卷子上写着考生的名字、编号的左上角糊起来，所以在阅卷的时候看不见这些信息，这样阅卷就相对公平。

从科举上传下来的这个制度是很重要的。

还有一个问题，因为那时候主要是写文章、写诗，很容易被看出笔迹来。所以在后来，尤其是宋朝，大规模地采用了抄卷子的办法。

就是说不能直接把你的卷子拿去给主考官看，而是要由专门抄卷子的人先把你的文章誊写一遍，这样就没法辨认笔迹了。且不说一个人要抄好多份，笔迹都差不多，就算一个人抄一份，笔迹也变了，你也辨认不出考生是谁。

这些都是防作弊的方法。

考试的时候，所有人都被关在号里面。你要想跟别人聊聊天，也不是太大的事儿。古代科举不像考数学，别人告诉你一个答案，你把这个答案抄上就完了，那个时候第一个考的是四书五经，你要对四书五经特别了解；第二个考的是策论，就是你对国家的某件事有什么观点，比如说怎么对付匈奴，怎么民族团结，如何拥军优属，等等，这些东西都没法抄。所以考生在号里面也挺自由，**还能偶尔站起来串串门儿。**

清末重臣李鸿章，他考进士的时候得疟疾了，一直坐在那儿筛糠。他当时草稿已经写好了，还打算恭恭敬敬地抄写一次，可是根本写不了字了。幸亏当时号里边还算自由，旁边号里的一个人问他怎么一直在筛糠，李鸿章说我病了，不行了。那哥们儿姓徐，他说看你挺可怜的，我已经做完了，我帮你抄吧，于是就帮李鸿章把草稿誊在正式卷子上了。李鸿章和那位姓徐的当年都中了进士。李鸿章后来飞黄腾达，对那个哥们儿，包括那个哥们儿的儿子也都很照顾。

△ "糊名考校法"，武则天发明的，把名字蒙上考官认不出来，相当于给考生头上套了丝袜，启发了打劫银行的浑蛋。"誊录试卷法"相当于再给人换了一套衣裤，蒙头加蒙身子的做法。

△ "那一年夏天南京天气到八月份还奇热……考头场时看见徐州一位大胖子，一条大辫子盘在头顶上，全身一丝不挂，脚踏一双破鞋，手里捧着试卷在长巷走来走去。"这是1897年陈独秀南京乡试的画面，过瘾不？更过瘾是下一句"脑袋左右摇晃，拖长声念文章……"

△ 替别人考试的叫"枪手"，这词在明朝就有，也可以叫"枪替"。1898年浙江考秀才的府试，某考生日记就写了一则关于枪手的事："予大哥八图三……会稽人共十图。"这大哥不是日记者的大哥，乃考场枪手也。真实的大哥已到南京上学，日记者是周作人，真实大哥是鲁迅。

△ 明朝工资在《宛署杂记》有载，根据当时小说的描述算下市民收入：柴薪皂隶年收入白银20两，马夫年收入40两，县长年工资45两，卖油小贩年收入约20两，举人范进的老丈人胡屠年收入36两……

△ 想起一笑话，榜上有名叫"及第"，榜上无名叫"落第"。说秀才赶考书袋掉在地上，书童说："矮马落地了。"秀才生气："以后要说及地，别说落地。"书童把书袋捆得严严实实，对秀才道："这样就是走到天边，也不会及第了。"

当然了，这么多各式各样的方法，其实也不能完全杜绝作弊，毕竟那时候没有照片，你照着准考证上的体貌特征化化妆，这儿弄一个痦子，那儿弄一个什么的，总而言之，还是有替考的。不过我一直很纳闷在过去为什么会有**替考**的，因为你如果替别人考，中了进士，就说明你自己是能中进士的，你中了进士，就是正处级干部了，那还替别人考干吗？但是还是有替考的，而且替考的价钱还很高——30两。

我在讲镖局和青楼的时候已经多次讲过古代的消费水平，30两够一个很体面的私塾教师过三年，能娶大老婆，可能还能再娶一个小老婆，养一家子人，还是很值钱的。替人考一次，他就能过三年好日子。科举挺逗的，正好是三年一考。因为一年一考行不通，我今年考完了回家，明年再来考，路那么远，还不能走驿站，有条件的雇镖局护着，**没钱的，一个书童扛着个箱子**。再加上要是一年一考的话，哪里有那么多人才？就跟咱们办超女似的，连办好多届，第一届出了几个大唱将，第二届再出俩，第三届就没了——唱歌这个事儿和十年寒窗一样，是需要很长时间去练的。

科举不仅有替考，到后来偶尔有腐败的情况，还出现过"买官"，那就不止 30 两了。我清朝重臣，也是维护国家统一的功臣左宗棠的官，就是买的。科举分三级，秀才、举人、进士，他第一次考的秀才就是买的，花了 108 两银子。

科举网罗了中国上千年来几乎所有的精英，但是漏网的也不是没有。黄巢漏网了，于是就起义了，打了一通，把长安占领了；**洪秀全落榜了，于是他也闹了一通太平天国。**

不过，大部分的精英都通过这个体系进入到了管理国家的体制里，所以这个国家才能非常稳定。大部分落榜的，很少有变成黄巢、洪秀全那样的，落榜了就跟你拼了，因为都是文人嘛，所以最后变成唐伯虎了，这也是好事。大部分精英来到官僚体制里，少部分精英落榜了，就丰富了我们的文化事业。

李白是因为他爹是商人，所以跟着倒霉，就不能考。当然在今天令人费解，商人的孩子不就是富二代吗？富二代为什么不能考？大家现在觉得清华、北大里都是富二代，其实不是，我就不是富二代，我

△ 洪天王算不得知识精英，他连秀才都没考上，天王发布的诏书里一堆错别字。不要认为秀才像民间故事说的那样要一堆有一堆，跟大白菜似的。实际清朝每次院试全国只有两万五千人有资格参加，录取比例奇低，考过之后才是秀才。比现在博士后牛多了。

第二期·千年科举那些事儿（上） 张发财点评

△ 封建社会最受歧
视的是商人，皇上认为
他们不劳而获只凭一张
嘴忽悠。这群人又整天
东奔西窜不好管理，掐
半拉眼珠子看不上他
们。曾有法律规定：商
人不能参加科举，不能
与官员往来（官员也别
去集市见他们），不能得
到土地——这些都能容
忍，最不能接受的是商
人不许骑马。想骑怎么
办？只能《江南 style》。

们家就是清华的。我们班 34 个人，大概
只有 10 个不到的城市户口，大部分都是
农村户口，都很穷。

古时候的商人跟现在的是不能比的，
今天商人的地位极高，连他儿子的地位都
极高，而古时候是"士农工商"，知识分
子地位最高，叫士，然后是农，然后是工，
就是工匠，最后才是商，**商人的地位最低**。

白居易那个《琵琶行》写一个青楼女
最后老得没人要了，才嫁给了商人，而且
"商人重利轻离别，前月浮梁买茶去"，所
以商人作为社会底层，不被信任，在别人
眼里都是奸商。

欧洲古代也是，包括莎士比亚，一骂
人就是"威尼斯商人"、犹太人，等等。
李白不能考科举，于是后来他成了大诗人。
杜甫是每到本命年就去考一回，24 岁、36
岁的时候都考了，也一直没考上。

元朝刚开始的时候，汉人不能做官，
因为统治者是蒙古人，所以蒙古人做官，
蒙古人不够了，就从中亚调了一堆波斯
人——当时叫色目人，来当官，郑和他们
家就是色目人。色目人是元朝时对西域人
的统称。

汉人不能当官，于是又丰富了我国的音乐事业，毕竟得有收入啊，他们就改行写歌了，出现了关汉卿这些大音乐家。所以，我觉得科举这个制度挺好，它让大部分精英进入到体制里，也让少数人被体制淘汰了，也许是你狂妄，也许是你不爱读四书五经，也许你就是倒霉。

唐伯虎才高八斗，考得非常好，他的考卷应该是解元卷，就是第一名的卷子，但是别人妒贤嫉能，觉得你这么年轻就考这么好，肯定有代笔，于是当年发生了**"青年才俊唐伯虎被诬陷代笔案"**。唐伯虎也没法自证说自己没代笔，也不是背下来的，是自己在现场写的。

总而言之，他最后被诬陷了，本来是第一名，却被开除了。不过这样也好，进士太多了，并不缺唐伯虎一个，他却因此成为伟大的艺术家、大画家。

张居正也是，第一次考，也考了第一名，湖广总督看到他的卷子，觉得此人未来一定是栋梁之才，但是现在太年轻了，磨炼不够，所以把他的卷子抽走了。意思就是说让他再磨炼三年，再来考，为了让他能更有男人劲儿，今后才能成为国家栋

第二期·千年科举那些事儿（上）

张发财点评

梁。结果这个湖广总督真的慧眼识人，过了几年，张居正再来考，又考中了，而且终成一代国家栋梁。

在没有科举之前，"举孝廉"是选官制度，很快就因为比赛谁更"孝"而一团糟。

从隋朝开始有了科举制度，相对公平的考试选拔制度让各阶层精英有机会管理国家。

考试的贡院和监狱差不多，考生们和考官在这里进行作弊与反作弊的斗争。

尽管有种种弊端，科举还是网罗了几乎所有精英，漏网的都造反去了……

张发财 点评

第三期
千年科举那些事儿（中）

皇帝亲自关心的几个最重要的事儿，宰相都是没有权力过问的，一个是科举，一个是死刑。所有的进士都是在殿试后中的，就是上殿去考最后一试，由皇帝亲自考，甚至有时皇帝亲自问你问题，**最后皇帝亲自勾出状元、榜眼、探花。**

死刑也得皇帝亲自勾，因为古代对死刑很慎重，跟今天一样，一定要最高法复核。古代就是皇帝亲自勾决死刑犯，每勾一个，皇帝还得假装掉一滴眼泪哭一下，意思是我心疼我的子民，怎么能把子民杀了呢？而且大臣还要三次下跪求皇帝笔下留人，说我朝圣明，他也许能改好。所以皇帝勾的时候，每一篇上面都得留俩，说算了，少勾俩吧，这俩就活下来了。过去死刑跟科举这两件事是皇上要亲自拿笔勾的。

这两件事儿还有一点很像——都是在秋后，科举在秋后，问斩也在秋后，为什么呢？因为那时候以农业为主，大家得种地，而参加科举的全是男的，问斩的也基本上都是男的，很少有斩女的——除非是通奸杀人，像潘金莲这样杀了武大郎，就必须得斩了。那个时候农业很

△ 也只是勾名，状元一般都是主考官定。出现过哭笑不得的事：唐宣宗大中八年高考，主考官郑薰发现有个考生叫颜标。以为是颜真卿家孩子，为勉励忠烈激励爱国主义热情，把状元给了颜标，录取通知书的时候关切地问"鲁公（颜真卿）祭事已毕否？"小颜晕了，鲁公关我屁事啊！

重要，男的是劳动力，于是把科举和问斩设在秋后也是很人性化的。大家先种地，收完了粮食，然后再出门，大部分人是出门考试去，少部分人是出门问斩。不过，只有极少数开明的时代允许在问斩之前回家种地，比如唐太宗时代，就是判你死刑以后，你先回家，秋后再自个儿到长安来问斩。

曾经出现过有一届——问斩也算一届吧，这一届一百零几个问斩的，全都按时回到了长安。皇帝龙颜大悦，说你看我们这个国家管理得多么好，没有一个冤案，因为他们都没逃亡，都是收了家里的粮食以后，自己老老实实到长安来，所以那一届大赦，所有诚实地来问斩的全都赦了。

死刑在我国历史悠久，在公元前26世纪，我们的两个祖先之一的黄帝就依法处死了敌人蚩尤。我们古代执行死刑有17种方式，因为太过残忍，怕吓坏小朋友，就不一一列举了。总之，各个刑罚都会让你想到一个词——不得好死。现在在中国，死刑分为两种，一种是死刑并缓期两年执行，就是死缓，另一种是死刑并立即执行。

通常来说，判死缓的都能活下来，判立即执行的都会死。判处死刑最常见的罪名是蓄意杀人，但是 18 周岁以下的未成年人和审判时怀孕的女子不适用死刑。现在世界上超过三分之二的国家已经在法律上或事实上废止了死刑，而在世界上有影响的国家中，除中国外，只有美国、日本和印度还保留着死刑，而中国的死刑数量是世界其他地区总和的 3 倍。2008 年奥运会之后，中国政府承诺减少死刑数量。在中国，关于废除死刑的争论一直在进行，每年的 10 月 10 日是国际反死刑日，你可以在这一天参加讨论。

后来发现了一个问题：官宦子弟很可能受到特殊照顾。所以在不少朝代，专门订立了一个规矩——官宦子弟单考，就是单独设一个榜，把极为有限的名额给官宦子弟，比如 90 取 1 等，严格规定官宦子弟只能按照这个比例招，以免冲击寒士的名额。那时候大家都认为，寒士，也就是没钱人家的孩子，却出了那么多杰出的人才，不能再受到官宦子弟的冲击。如何避免官宦子弟的特权所带来的不公平，是自

△ 秦桧自己是进士出身，他一直想家里出个状元，儿子不行孙子上。绍兴二十四年孙子秦埙排名第一，宋高宗赵老九觉得被秦架空了，自己上阵调换了名次，把秦埙排成探花，把排名第七的张孝祥调到了第一。不过张孝祥命不大好，就因为状元这个事情得罪人，接连被迫害，一生坎坷：张哥一生，全是大坑。

古以来一直存在的问题，古人在这个问题上作出了很多努力，总的来说是成功的。

当然，也不排除少数的官宦子弟极有特权。科举的历史上出现过几次，**其中最让人笑掉大牙的官宦子弟就是秦桧的孙子**。当时秦桧是当朝宰相——当然是奸相了，他勒令所有的主考官必须让他的孙子当状元，然后找各种人替考，当然他找人替考不用给30两，他都恨不得自己替考去——当年秦桧考试的成绩还是很高的。当然了，古代的官员还不完全听领导的。最后秦桧的孙子只中了探花，没中状元。当然，这也实在够腐败了。

还出现过主考官极坏，比如李林甫，他是唐朝的大奸相。李林甫这个人很坏，他可以说是有史以来心眼儿最小的一个人。心眼儿小到什么程度？他不但妒忌所有当朝和他一起当官的人，恨不得把他们都给整死，甚至连还没当官的考生他都妒忌，就怕这些考生里出现有才能的人。所以由他来主考的那一年（可见古代对科举的重视，宰相亲自挂帅来干这事，很多朝代都是这样），一个人都没录取，这也创下了有科举以来的一个纪录。

但是李林甫为官之道极为精明，这一届一个都没录取，他怎么跟皇帝唐玄宗汇报呢？读者里有当官的，来学习一下人家的当官技巧。他说的大意是：皇上圣明，我们是盛世，我们的政府如此清明，所以我们所有的人才都已经考过了，都已经进入到政府当官了，**社会上已经没有闲散的人才了，没有一个漏网的**。皇上听完了以后龙颜大悦，觉得太好了，我们这朝一个人才都没浪费。所以李林甫犯下了一个大罪，因为就在李林甫这一届零录取的这些考生里，有两位伟大的诗人；不过，也可以说李林甫立了大功，因为他成就了杜甫和高适这两位大诗人。

所以，只有到像秦桧这样级别的宰相，才敢作弊让自己的孙子当了探花；像李林甫这样的大奸相，才敢一个考生都不录取——当然也是因为唐玄宗吃喝玩乐，画画唱戏，无暇顾及他。

还有一个挺残酷的"零纪录"：中国历史中描绘的那个农民起义领袖、反抗封建政权领袖张献忠。张献忠跟李自成同时起义反抗，李自成玩得大，北京都打下来了，张献忠只是把整个四川占领了，自己

△ 明朝有个事正好反过来。正德三年，大太监刘瑾开出50人的名单给主考官，必须录用。考官没有办法只好上报给武宗定夺，朱先生想出个两全之策——多加上50个名额。刚安排好刘瑾，又有事，主考官焦方的儿子这次也参加考试。老焦假装避嫌不阅卷，可副主考蠢得要死，把焦少爷录为二甲，老焦气得翻白眼。那边刘瑾也不满意，于是俩人联合干掉了两个副考官。

△ 与张献忠变态有一拼的，是五代十国南汉的皇上刘岩。刘先生治国理论很神奇，他认为人有妻儿老小便会有私心，不能无私奉献自己，太监无牵无挂肯定最无私，必死命效力。于是，凡是朝廷任用的，不管是进士还是状元出身，一律阉割。

△ 中国考大学自古就有歧视，明朝是北方录取分数线低于南方，老朱说北方人没文化但状元名额得给。洪武三十年会试，录取的进士全是南方人，朱元璋认为是考官出老千，于是把当科状元砍了脑袋。这就是明朝最出名的南北大案。唐也歧视，首都的录取率是河东10倍以上，于是都研究怎么改西安户口。最荒唐的是元朝，给北方蒙古人的试卷简单到发指，汉人考微积分，蒙古人考十以内加减法。

在那儿建立了一个小朝廷。他进四川的时候搞了**大屠杀**，四川人被杀得精光，所以才有后来的"湖广填四川"——很多湖广人民被挪到了四川去。

清军入关以后，李自成败了，后来清军快打到四川的时候，张献忠就觉得自己快不行了，他说我即便快败了，也不能把这些知识分子、优秀的精英留给敌人。所以他弄了一次"科举"，强迫所有的士子都必须参考，不来也得绑来。所有的这些知识分子到了以后，被张献忠全体活埋了，一个都没活着回去。所有这几个"零纪录"都是绝无仅有的：李林甫让一个考生都没被录取，张献忠让一个考生都没活下来，秦桧的孙子零岁就得了探花。

现在的高考，最受人诟病的就是地域。我们河南考生考那么好，湖北的考生考那么好，就几个上清华的，你们北京却如何如何。其实在科举时代，也有这种名额分配不均的情况，**这是自古传下来的**，这其实是有管理整个国家的思想在里面的。据统计，中国自古的大知识分子的籍贯——不管是不是进士，包括诗人也都算进来，前十名，江浙占九个。江浙两省的文人和知识分子极其多，随便一统计，明清两代的状元里，**"半壁江山"都是江浙两省的。**

如果选拔人才全都集中在江浙，或者就在这几个省，那么国家管理层从宰相开始便几乎都是这两个省的人，或者是南方几个省的人，这样对其他省不公平。因为大家来管理国家，你们干脆都不说普通话了，都改说你们家乡话了，都说温州话、湖州话了。过去的人家乡观念比现在还要重，干出事业后都是要荣归故里的，很多地方都有状元第、榜眼第、探花第这种东西。所以，**科举制度也有了一些改革，出现了"南北榜"。** 我们北方人，学习的确普遍没你们南方人好，但是也不能太不民主嘛，大家得共同管理国家，我也得有管理权。所以就分成南北榜，南方考生考出一个榜，北方考生考出一个榜，南北都有进士，共同管理这个国家。

再后来就像今天一样，给各个省分名额。在有些朝代分得很清楚，每个省都有确定数量的名额，因为即便要由大家共同管理国家，皇帝还是希望汇集来自各地的人才。那个时候通信不发达，我从陕西来，你从江苏来，他从广东来，咱们大家都在

△ 考进士最牛逼的省份是浙江，平均百万人出 130 人，江苏不行，百万比 90。

△ 南北榜也没用，状元进士全集中在江南，黑龙江一个状元没出过。想起个八卦：文庙的规矩是建成以后只开侧门不开正门，什么时候这地方出了状元正门才打开。哈尔滨也有个文庙，从建成那天起就注定正门永远不能打开了。修建日期：1926—1929，那时早就没科举了。

第三期 · 千年科举那些事儿（中）　张发财点评

朝廷里议事的时候，最起码我可以告诉你，我们陕西并不是你说的那样，实际上我们的土地是这样分配的，我们那儿的赈灾应该这样赈，等等。整个国家各个地方的人坐到一起，才能增进彼此的了解，才能共同民主，才能做出正确的决策。所以确实有必要分配各省的名额。

现在有很多"高考移民"，哪个省招得多，大家就移民去哪个省。实际上古代也一样，分了南北榜之后，大家当然都愿意来北方考了。有的时候分得更细，比如说唐朝后来分到长安以及周边地区（就相当于现在的北京）的比例是最高的，其他地方却很低，广东的名额最低，因为离长安太远。那时候也有"高考移民"，叫"冒籍"，就是假冒籍贯去考试。唐朝的大诗人白居易就是冒籍考上的，**他通过在宣州做官的叔父，冒籍成了宣州人，才考上。**所以唐朝这三个大诗人，李白是不能考，杜甫是赶上李林甫没被录取，白居易是冒籍考上的。

至于元和清两个少数民族统治的朝代，元朝一开始就没科举，汉人不能当官，尤其是江南的这些汉人，后来慢慢恢复了，但也

△ 老白要知道王维的状元怎么来的，得哭死。王先生到太平公主家串门，先给公主弹奏了自己写的流行歌曲《同桌的你》，然后又写了几首酸不溜丢的诗，公主就答应他当状元了。过没过夜不清楚，过夜的话要唱《同床的你》。

是单分出蒙榜，就是蒙古人单考一个榜，汉人单考一个榜，恢复了没多久元朝就灭亡了。清朝则是单列了满蒙榜，就是**满蒙人单考一个榜，汉人单考一个榜**。我觉得不管在任何时候，高考都得有一个全国性的考虑，当然，可能会有不公平，但是什么叫公平呢？每个省的人都会说对我不公平。

清华招生名额为什么是今天这样的分配制度，我说出来大家可能更炸了：清华最开始叫留美预备学校，我们被八国联军打败了以后，有一个**庚子赔款**，是中国有史以来最大的一次赔款，一共四亿五千万两白银，加上利息就不知道多少亿两了，恨不得有九亿两。赔款由各省来分摊，清华就是美国人用庚子赔款给我们建的一所大学，等于把钱还给中国人了。但是还给你也不能让你乱花，所以就给你建留学的基金。

美国人是这么定的：清华大学各省招生的指标，就按庚子赔款各省分摊的比例，哪个省分摊得多，哪个省就招生得多。当时浙江、广东分摊得比较多，于是从浙江、广东就招生比较多。后来北京大量的大学，包括很多名校的招生比例都参考了清华的，因为大家不知道怎么定这个招生比例，

△ 清朝的科举讲究平衡，旗人可以参加考试（续《红楼梦》的高鹗就是汉军旗人，乾隆六十年成进士），但旗人袭爵后就不能参加科举。启功的太爷当年袭爵"奉国将军"，俸禄根本吃不饱，一狠心辞了爵开始考试，中了进士点了翰林。

△ 庚子赔款各国总共要了4个亿，八国中的美国成立个基金会，清政府把钱给美国政府，美国政府再把钱转到基金会，然后专门培训中国人到美国留学。这就是庚子赔款生的经费。到了民国，各国都在退款，连日本都退。

也没办法按单一指标去定，比如说你不能按人口去定，不然你等于歧视一些人口稀疏的地方；按成绩定也有问题，那就会变成科举时代的南北榜，全变成湖北、浙江的考生来上大学，北方的就上不了大学了。

其实自 1911 年清华建校这 100 年来，清华多次想调整名额分配比例，但是为什么到今天还基本沿袭了那个比例呢？就是因为不管怎么改，不管以什么指标，都会有很多人不满意，你不能按长相吧？你不能按口音吧？像牛津、剑桥共同有一个叫 Oxbridge Examination，就是牛津剑桥联合考试，它包括面试，还包括听你口音是不是好听等，**但我们当然都不能以这些为标准。**

最后历经了多次讨论，大家吵得一塌糊涂，最终也没讨论出怎么改，所以就一直沿袭那个庚子赔款分摊比例。有人会说，100 年不改是没有与时俱进？可是你说怎么改？高考就跟当年的科举一样，是所有人安身立命、光宗耀祖之本，你动这个就动人祖坟，你动这个就动人一生的希望，甚至相当于动人命了。所以到今天为止，这仍然是个很大的难题。

△ 科举也面试，对相貌口音之类也有要求。特别是长相用"身甲气由"作评判标准："身"是身体不正有小残疾，"甲"是大脑袋小身子，"气"是肩膀歪，"由"是大身子小脑袋。驼背也不能录取。嘉庆曾经把宰相刘墉叫"刘驼子"，刘罗锅是乾隆十六年进士，嘉庆时他七八十岁驼背很正常，年轻时应该没有。他是岁数大了，身材从挺拔的"！"慢慢弯成"？"的。

农业社会的中国把科举和问斩都设在秋后，方便大家收完粮食再出远门。

尽管作了种种努力防止特权侵害底层人士的录取名额，还是发生了很奇葩的事。

因为江浙地区知识精英辈出，为避免不公平，科举制度改革出现"南北榜"后变成各省配额。

以庚子赔款建校的清华大学至今还按照原赔款各省分摊比例招生。

张发财 点评

第四期

千年科举那些事儿 （下）

我们从小到大学习的课本里说，奴隶社会、封建社会、资本主义社会、社会主义社会，这是历史进步的几个阶段，到了1911年，辛亥革命爆发，推翻了我们几千年的封建社会。我们经常说几千年的封建社会、万恶的封建社会等，"封建社会"这个词是从人家马列主义那儿搬来的，因为马克思就是这么分的，奴隶社会、封建社会、资本主义社会、社会主义社会。

其实，这个词套过来，有一个大问题。实际上中国的封建社会并不像西方那种封建社会，封建社会是什么？就是封和建，就是要把各个亲戚都加封，不管是儿子还是表弟，你是约克公爵，你是爱丁堡公爵，你是巴伐利亚大公，等等，都是咱们一大家子管，这是西方典型的封建社会，就是都由贵族来管的社会。中国在春秋的时候，是真正的封建制，就是一大家子姓姬的管理国家，因为周朝的统治者姓姬，所以姓姬的被分到各个诸侯国。姜子牙立了大功，所以姓姜的被分到了齐国。于是，国家就迅速地分成了诸多小国，然后彼此间就打来打

△ 先秦的姓和氏是两个概念。姓的主要作用是区别婚姻，氏的作用是明贵贱。姓起源于母系社会，表示血统；氏起源父系社会，为同姓衍生的分支，本来为同姓各部落的名称。国家产生，封国和官职也成了氏的名称（所以只有贵族有姓氏），后期氏演变成家庭标志。到春秋，姓氏的概念差距越来越小，黏糊糊变成了两面胶，贴哪边都行。

△ 有一说法：汉朝分封制度实施后诸王不鸟中央，于是大臣晁错建议汉景帝"削藩"，诸王反对，吴、楚等七国发动武装叛乱，史称"七国之乱"，简称"乱七"。晋惠帝司马衷是个傻子，媳妇贾南风掌权，噼里啪啦把司马家的男人都杀了，外地的八个藩王开始叛乱，史称"八王之乱"，简称"八糟"。合一起就是"乱七八糟"。

去。打到战国，很多诸侯国的**统治者已经都不姓姬了**，韩、赵、魏都不姓姬，齐国也改姓了田。

从那之后，统治者们意识到这是一个很大的隐患，于是就几乎放弃了这个封建制度，而改用了其他制度。用举孝廉、九品中正制，让平民当官，而不是只让贵族做官，所以我们保持了一个完整的大帝国，直到今天。欧洲国家因为一直是封建制，最后就分化成很多小国，因为一旦把你封到那儿去，你就老想着自己当头儿，皇帝一死，八个儿子，凭什么你继位我不继位啊？而在中国就变成了宫廷斗争，就是大家都来争当皇帝，为什么没有像欧洲那样打来打去呢？就是因为他们没有被分封出去，只被圈在宫里，大家只能在宫里搞点儿内部斗争。如果大儿子封到中南地区，二儿子，西南地区归你了，那就不是宫廷斗争了，一定会迅速分化成各个小国，一定会乱。春秋战国之后，曾经有过几次分封，汉朝就有过，最后便是一团内战，晋朝也有过**八王之乱**。

所以在后来，为了维持一个大帝国的统一，也因为我们有更高的政治智慧，或者说更宽广的胸怀吧——不一定我弟弟是肯特公爵，就非得有一个地方归他，于是统治者就把所有的贵族都圈在宫里面，等他们长大了，就放在皇宫旁边的各个府里——毕竟宫里面都是皇帝的女人。所有的皇族都不能出去，因为你们一出去，这个国家就分裂了。既然不能由这些儿子、弟弟、兄弟、表弟、女儿、女婿去管理，那我们就得想出一个办法来，既让国家能保持完整统一，又能让精英人士来管理。所以我们从汉朝开始，一直坚持到民国之前，绝大部分朝代的绝大部分时期（除了几个少数民族朝代，元朝、清朝的时候，还是有一些贵族管理国家），都是由通过一些方式被选上来的平民来管理国家，**从隋朝开始就全是科举了**。由他们来统治这个国家，避免了国家被各种贵族瓜分成很多小国。这就是欧洲分成了那么多国家，到今天还在继续分，比细胞分得还细，而中国却一直保持了一个大而统一的国家的原因。

所以我认为，这段时期不能叫封建时期，那我们叫什么呢？那是学者们的事情。我个人觉得叫作有文化的人通过考试

△ 鉴于三篇都是说文举，加一段武举助兴。武状元选举是武周长安二年由武则天建议推行的。慈禧阿姨在 1901 年取消了武举考试。说来有趣，武举是男人的运动，但促成和终结这运动的，恰恰是两个女人。"男人举与不举，关键在女人"，此言不虚。

第四期·千年科举那些事儿（下） 张发财点评

选拔，进入了官僚体系里，共同管理这个国家。绝大部分宰相都是平民考试出身的，只有少数民族统治的时候，比如元朝、清朝，会出现极少数宰相是皇帝的亲戚的情况，所有的汉人政权里面，宰相都是平民考试上来的。

不仅是宰相，整个大的官僚体系里都是平民。这些平民通过了考试，就相当于拥有了一个投票权，他们用官品的不同来量化这个投票权的大小。宰相和皇帝的关系，实际上是契约问责的关系，皇帝只需要与宰相对接，就不用管别的了。皇帝告诉宰相，我有一个什么梦想，比如说我想当一个好皇帝，像尧、舜、禹那样被史书记载，等等。宰相就说，好，那我们整个官僚体系来执行你的梦想，我们减税，我们少征兵，我们开发荒闲的土地，然后我们展开生产，不搞大工程，不建长城，不挖运河。也有的皇帝说，我要当雄才大略的君主，我要开疆拓土，我要打匈奴，或者我就是要修长城，就是要挖运河，我要君临天下，要万国来朝，如何如何。宰相说好，那我们就开始多征兵，多征税，我们对外发动战争，我们搞大工程，修长城，修运河，修紫禁城等。**皇帝和宰相就基本上是这么一个关系。**

整个的官僚体系叫朝廷，伺候皇帝的那些人叫宫廷，朝廷和宫廷，分得有多清楚呢？他们就连收入都是清楚的。当时中国最大的税收是农业税，就是类似逢十缴一的这种税，这是归朝廷的钱，宫廷是不能花这个钱的。宫廷里面当然有一整套东西，有各种大太监，例如司礼的大太监、掌印的大太监等，但是这些人都只对皇帝本人负责。宫廷等于是皇帝办公室，这些大太监等于是皇帝办公室的主任，他们不能出宫，更不能去管任何一个朝廷的官。司礼大太监绝不能管外面的礼部，礼部尚书——相当于现在的外交部长，只对宰相负责，绝不能交叉管理。

皇帝的办公室以及皇帝的后宫，都有自己的收入来源以及自己的预算。在大部分朝代，宫廷的收入来源由两部分组成，其中一部分是工商税。工商税在今天已经是最大的税收了，因为现在的工业商业发达得多，**而在古代，农业是最重要的，工商税其实没多少，无非也就是盐铁税，**实在没钱了，就卖盐铁专卖权。还有一部分

△ 宰相也不好当，稍不对皇上意思就下岗。崇祯在位 17 年，换了 50 个内阁大学士，相当于换了 50 个宰相，武则天更猛，70 多。《隋唐史》："武后任事率性，好恶无定，终其临朝之日，计曾任宰相七十三人"。七十二变的猴子也伺候不了。

△《明史·食货五》："凡商税，三十而取一，过者以违令论。"《宛署杂谈》："至万历十年内，买价不及四十两及典价，一概免税，其买价至四十两以上者，每两止税银壹分伍厘。"明的商税原是 3.3%，万历时降到了 1.5%。小生意年营业额在 40 两白银的免税。想过去念今朝，胸口此起彼伏，一会儿 28A，一会 36C。

第四期·千年科举那些事儿（下）张发财点评

△ 万历大太监陈奉去湖北给万历朱翊钧敛财，谁不给钱就杀谁。剖孕妇，溺小孩，真的是杀人放火，曾发生过用火箭射民宅的事情，烧死居民无数。告到万历那，不管。这小子越来越嚣张，最后盗皇陵，把万历的太爷坟给扒了！这么大逆不道的事情告到了皇上那怎么处理？朱翊钧还是不管！老朱的祖宗在坟里脑袋气得比高晓松都大。

收入来源于荒地，普天之下莫非王土，只要是荒着的、没有人的地，这个地就归到宫廷里去，宫廷可以卖给个人。宫廷的收入就来源于这两项，并且量入而出，不能去抢朝廷的钱，朝廷的钱是统治国家、管理国家用的，分得非常清楚。当宫里没钱的时候，实在没办法了，可以去找朝廷借点，实在不行还可以让皇帝讹诈朝廷，说我没钱了，我出家，你们来赎我吧，拿一亿钱，等等。**在明朝，有皇帝亲自派太监出宫去收点或者抢点钱，回来给皇帝花。**

但是大部分时候，朝廷是独立的，他们来管理这个国家，宫廷也单独有自己的预算，互不交叉管理。皇帝与宰相的关系我觉得非常好。所以我不认为我们那个上千年的制度是封建制度，我们的制度是知识分子通过考试获得投票权来管理国家，可以叫作小范围的民主协商制。

在古代，考试考什么，是充满智慧的，后来的人不太了解古代整个的社会状况。就批判八股文，批判只读四书五经，好像我们国家没现代化全赖科举，让人不学科学。我觉得这个叫站着说话不腰疼。统治者首先想到的是国家要完整，不能四分五裂，怎么能够在通信很不发达的情况下统治如此幅员辽阔的国家，全世界只有中国做到了，其他国家一会儿建立一个大帝国，一会儿就分崩离析了。中国是怎么做到的？就是让所有地方的官都被"忠孝礼义廉"这些思想洗脑。怎么洗他们的脑？就是我考什么，你就读什么，最少十年寒窗，最后你就算没考上，也被深深地洗了脑，"忠孝礼义廉"都印在你心里了。

我给大家举个例子，大家就知道什么叫智慧。比如说大家来长安考，考上进士了，进士是什么呢？进士就相当于今天的正处级，就是县令一级，**状元本人更高一级，大概相当于副厅级官员**。这么多处级官员在这儿等着，大家分别上哪儿去当这个县长或者处长呢？这时有人来报，说广东有个什么什么县的县令死了——来报告的人走了七八个月到长安。然后上边领导说好，把这个进士里边的谁谁谁调到广东去当县令。当时没有照片，这可很要命，不像现在，发一个文说谁谁谁去哪儿任什么职，这个哥们拿着照片、简历就去了，那会儿是拿着竹简，上面写着：兹令高晓松到广东梅县当县令。结果刚一出

△ 殿试之后怎么安排？状元榜眼探花直接进翰林院当翰林，再考一次试从进士中选年轻、才华出众入翰林院当庶吉士。剩下的发放各县做县长。庶吉士相当于进修，叫选馆。三年后考试叫散馆，成绩合格者升为翰林，叫留馆，准备当大官。三年进修都干什么？一般就是写圣旨。

也有郁闷的。柳公权和王维都是状元出身，王维混到了四品，柳先生字写得好，所以一辈子几乎都当抄写员了。郁闷啊："早知如此不如把字练成王八样！"柳公权先生的职务大约是九品，从宪宗到懿宗七朝，真的只是皇家抄录员。

△ 还真是只认证书不认人。元太祖十年打金国东京城，先锋是石抹也先。正巧东京城换留守，新的CEO被石抹也先半路堵住了，一通臭揍抢了诰命证书跑到东京说快开门老子来上任，东京守将也是个实心眼子认证书不认人给放进去了。一分钱没花，白得了个城。为什么办证的抓不完？原因就在这儿。

门，我就被人杀了。大家都看过姜文那个电影——《让子弹飞》，你被人杀了，人家也不知道。去了另外一个人，拿着我的竹简。那个时候也没法派一堆证人跟着我，证明我就是我，况且证人也可能一起被杀了。但是我被杀了，换了一个人去当县令，这个国家其实也没事儿，为什么呢？因为谁愿意去当这个官呀？就是我同学呗！我考上了，他没考上，他觉得凭什么我当官，就把我杀了。**他去了，他就叫高晓松，但是其实他去了也没事儿**，因为他跟我学的是一样的，也是"忠孝礼义廉"这一套。他到了广东梅县，还是一样的，该怎么上缴税收就怎么缴，该怎么征徭役、兵役就怎么征，该怎么审案子就怎么审，因为大家都是学同一套东西出来的。

把所有知识分子洗了脑，都学"忠孝礼义廉"这一套，是第一目的。政治政权是第一目的，那专业性怎么办呢？有"吏"来解决这个问题。其实全世界都面临这个问题，就是政治性和专业性的问题，说白了就是官和吏的问题。我们古代是这么解决的：考试选拔上来的都是官，这些官只要政治正确就行了，他们只要忠于皇帝、热爱国家、热爱社稷、热爱人民就可以了，就可以上任了。官下边有很多吏，这个吏是干吗的呢？吏不是通过考试上来的。比如说我举个例子，还是高晓松拿着一个竹简到了广东梅县，上任的县令已经死了一年多了，因为跑到长安去报告，再去新人，花了很多时间。但是我到了那儿一看，什么事儿也没发生，**一切都有条不紊，**因为那些吏，包括簿、判官、捕快等，都是不会被调走的。他们不是官，也不是中央财政养着的，他们在新县令没来的时候，把该收的税收好了放着，把该判的案子——除了死刑以外，都弄好了，就等新县令到了以后签个字就成，**这就叫专业性。**

捕快当一辈子的捕快，判官当一辈子的判官，狱卒当一辈子的狱卒。这些吏是维持了专业性的。官不需要懂什么专业，只要有政治信仰，说咱们得忠于皇帝，爱惜人民，就行了。底下那些吏，他们也不拿中央财政——中央财政预算只管到县令以上，就是所有这些考试上来的官。其实古代养的官很少的，多的时候最多全国也就有十几万的官。

那下面这些吏由谁来养呢？这个挺有

△ 明朝第一宅男万历皇帝就是这样，十年不动地方待着，不朝不庙不见不郊不批不讲，因为明朝成熟的内阁制使得帝国正常运作啥事没耽误。高晓松酒驾之后《大武生》没耽误公映也是这样。

△ 说个审案奇才：清末四川巡察使刘喜海是审案奇才，经他手的案子没有不破的。程序这样：犯罪嫌疑人押上公堂，先四百板子打得稀烂。再审，想要啥口供，就有啥口供。审后如何处置？拉到城隍庙抽签。抽到生签，杀人也无罪；死签，直接砍了。这个刘喜海还不算大奇才，成都道徐有壬，在犯人行刑前先打三千大板子，打完就死了。害得刽子手没事做。四川双流候补毛知县更厉害。毛县长不愧是四川人，把火锅文化发挥到极致。审案只一招：把嫌疑人放锅里煮！

第四期·千年科举那些事儿（下） 张发财点评

意思，这些吏最开始并不是专门有薪水的职务职业，它相当于一种国家的徭役。大家知道，为国服役分两种：一种是兵役，就是你到长城守着，你到南海黄岩岛盯着；还有一种役叫徭役，因为大多数时候其实不需要那么多人来服兵役，因为还有年龄等各方面的限制，而徭役就是义务替国家劳动。就是你去当捕快吧，你去当狱卒吧，你去当文书吧，你去当判官吧，等等，没有工资。最开始的时候，大家轮流服徭役，有的朝代是每个人服三个月，有的朝代是每个人服一个月，还有服三天的，各种各样。

到后来变成什么了呢？你去当狱卒了，你当了三个月，下三个月该轮到我了，毕竟没有工资，我一想，我是种地能手，种地种得好好的，种出的西瓜那么大，我干吗当狱卒去，还把生产耽误了。于是我就跟你说，这样吧，你再当三个月，替我当三个月，我给你点钱，这样我就继续生产，你就拿我这点钱替我服徭役。后来，第三个哥们也跟你说，这样吧，你都当这么长时间的狱卒了，狱卒是怎么回事你也都懂了，怎么看着这些犯人，怎么做政治思想工作，你也都熟悉了，你就继续当吧，我再给你三个月的钱。本来是轮流当徭役，慢慢就变成固定的人了。再后来，不是等我服徭役的时候我给你钱，而是乡绅把大家组织起来说，这样吧，干脆就让他当一辈子狱卒，让他当一辈子捕快，他既然会武功，你让他种地去也耽误事儿。于是大家都把钱集中起来，由乡绅或者当地的元老们，**收齐钱**一起发给服徭役的人，"吏"就是这么来的。他们的支出与收入，我猜可能就是地税的起源。国税都交上去了，交到朝廷去的农业税是发给所有官员的，交到宫廷去的工商税当然也花了，吏则是由大家凑钱养的，这叫地税——当然这是我猜的，我不是税收专家。

这样，既有政客的政治正确，因为他为了考试十年寒窗，**又有吏的专业性，因为他一直都在干一样的事儿。**其实这个思想非常先进。在过去的欧洲，因为是贵族当官，到底是政治政客还是专业官僚，怎么培养，怎么分化，其实很难处理。不过到今天西方倒是解决了这个问题，怎么解决的呢？就是"民选官"。也不管你的专业，大家选你当总统，你就是总统，你只要政治正确。美国的市长、州长，甚至在加州

△ 古代没有非法集资罪？

△ 但也断了科举之路，"倡优皂隶"（小姐、演员、衙门的公差、军队服役）这四种人的孩子不能考试，因为如果得了官要上封三世，这些职业给皇家丢脸。嘉庆二十二年鄞县童生府试，发现宁波知府姚令誉帮"倡优皂隶"之孙袁增蒙混家世参加童试。考生非常愤怒集体罢考，引来了宁波市民围观。这帮考生来劲了，砸了考场不过瘾，拎棒子追着姚令誉打。老姚嗖嗖跑，跟漫画似的长了六条腿跑。

△ 越南也有科举，不过稀里糊涂不怎么重视，到明朝，越南的考生都跑南京来考试了，1919年越南废了科举。朝鲜和日本那边也有，日本江户时代不玩了，朝鲜接着玩，不但玩还搞开发，他们那边除了文武科举外还有杂科（易学、医、阴阳、律），主要是考医生资格证。

包括民选会计师、州总会计师以及总警察长都是民选。民选的官是政客，其他考试出身的人叫技术官僚，这个是专业的。当然，他们都由民选的官来管理。我们当年其实就是这么分的，只是把选举变成了考试，比西方先进了上千年。

《晓说》说到现在，我个人觉得**汉民族最好的、最有特色的、最有意思的三个东西**都讲完了。科举、青楼和镖局是汉民族塑造的，它们同时也塑造了汉民族对文化、爱情、自由、侠义等的态度。我们这个民族最基本的样子都是由这三个东西塑造出来的，一直延续到今天。

因为没人被封地也没人建诸侯国，古代中国很多时候不能算是真正的"封建国家"。

朝廷的钱是统治管理国家的，皇帝的宫廷没钱了也不能动用。

明朝万历皇帝几十年不上朝，国家一直稳定运作，全赖内阁制。

官是科举考出来的政治家，吏是技术官僚，政客和专家构成了帝国的管理体系。

第五期
美国人与物

破破的桥 点评

之前零散地讲过一些美国的交通、医疗、法律，但那些其实都不是美国真正的特色，美国最大的特色就是民族问题，或者叫种族问题。美国是全世界最典型的一个多种族相融合的国家，**它的伟大之处就在于它能把这么多个种族融合在一起，而且各个种族的人还都爱这个国家——**它的问题也几乎都出在这儿。

美国这块地方跟中国一样大，现在美国的课本说美国的面积是世界第三，俄罗斯第一，加拿大第二。我国的课本说我国的面积第三，也是俄罗斯第一，加拿大第二。这俩差别在哪儿呢？美国国土面积包括了从大西洋进来的五大湖，关于湖计算成国土面积的算法，中美有一点点小差异，按中国算法，美国比中国小了一点；按美国的算法，美国则比中国大了一点。虽然国土面积几乎一模一样大，可是这两个国家可大不一样。

农业

大家看中国地图，咱们西部一大半地方都是山和高原，种不了地，也没森林，上面秃了吧唧，高速公路一会儿穿隧道，

△ 亦有同感。在美国最令我震撼的画面，不外乎是看着幼儿园里不同肤色的孩子们一起玩耍。尽管这对现在的美国人来说，似乎已经很平常，成为生活的一部分。但想到20年前、50年前，美国的种族相处完全是另一幅景象，足以令人感慨人们的观念变化之快。

一会儿架桥梁。美国这块地方，我觉得就是上帝给地球的最好的一块地，这也是这里后来吸引了那么多移民的原因之一。

中国吸引不来移民，当然有很多原因，其中一个原因是确实没地方待。美国得天独厚在于它的地形几乎都是平的，从东到西几乎是一马平川，种什么长什么，而中国的平原基本集中在中东部。美国国土面积跟中国差不多大，而且大部分都是森林（美国森林覆盖率极高），中国森林很少，但是美国耕地的面积却依然超过中国。

在美国种地，基本都会种<u>一年休一年，就是休耕养地</u>，今年种了，明年就晾在那儿不种。所以你在美国的高速公路上开车，很少会看到到处都是庄稼地，风吹草低见牛羊什么的，经常看到的是大块的地闲置着，后来一问，人家说这儿休耕呢。**亩产也不低，也不需要各种高产种子**，因为长出越多的东西，就要吸收地里更多的营养，收多了，那地就完了。但中国是没办法，人口太多了，才培育出各种高产种子，甚至一年种三季，最后那个地都没法儿要了。美国则是一年种一季，种完撂那儿一年，就是因为人口不多。

美国：休耕养地，
德国：不搞房地产？

△ 单纯从玉米单产来说，现在比二十世纪六十年代高了3倍，所以种子、肥料还是改进的。大农户和小农户瞄准的目标用户也不一样。

山

美国东西部各有两条小山脉（跟中国的大山比），东侧的一条叫阿巴拉契亚山，西侧的一条就是无数歌曲歌唱过的落基山脉。就这一小点儿，干吗用呢？正好用来旅游、滑雪。各种旅游胜地，都是沿着这个小山。加州北边有一小山脉，不是王小山，中文翻译得特别好，叫**"优山美地"**，大家别上当啊，那其实就是一个地名。你去了就会发现**全是大秃山**，什么也没有，只有各种徒步背包的人跑到那儿去。我去了一趟，差点渴死在上面。

海港

美国的东西海岸有大量优质的海湾港口，不是河流入海口的港口——这两者的效率完全不一样。我恨不能觉得这应该是最好的一个港口，旧金山的奥克兰海湾，几乎能把全世界的船都装进去，却只有一个小口从金门桥那儿进了太平洋，所以海湾里面波澜不惊、一望无际。其他各个地方的港口都是深水不冻不淤港。淤是怎么造成的？因为河流入海之后就没速度了，所以河流带来的泥沙就沉积在入海口。

△ Yosemite（也有叫优胜美地的）发音很像日文，实际上是个印第安词汇，Yos 的意思是"杀人"，e 的意思是"一个"，mite 是词根，意思就是杀人的人居住的地方。描述当年在那里的部落有较强的攻击性。它原意并不是一个很漂亮的名字。

△ "优山美地"是著名景点，人的感受和旅游路线、季节相关性很大。我们设想在夏季，从拉斯维加斯出发，经过大片的沙漠、火山岩、荒山、沙地，来到几乎没有动物，只有沙棘和仙人掌，一片寂静，中午气温高达 43 度的死亡峡谷；再从死亡峡谷出来，途径少量绿洲，在无法忍受的炎热、干渴之中，忽然看到一座雪山；于是沿着 120 公里开过去，凉风扑面，路上有瀑布，有冰冷清澈的湖水，有大片大片的松林。这就是优胜美地，怎能不让人激动呢？但从西面的旧金山开过去，感受就一般了。

我国几乎所有港口都是河流入海口，天津港是海河入海口，上海港是长江入海口，广州港是珠江入海口，每年都会淤积大量的泥沙，比如长江带到上海的，每年有好几亿吨，光挖泥沙就需要不少的花费；而且它也不是深水港，因为大量的泥沙淤积，船涨潮的时候进来，等一落潮就坐在滩上了，只能等到涨潮了，船漂起来才能出去。

美国最主要的大河就是密西西比河，跟中国的长江地位差不多。密西西比河不是东西流向，它向南流入海，所以美国东西部都有一马平川的大平原。密西西比河两岸都是森林，不像我国的植被破坏那么严重。密西西比河平缓、宽大，跟长江差不多长，但是它的航运量差不多是长江的十倍。密西西比河还有一个优点：美国的东海岸有一大堆港口，西海岸有一大堆港口（我们只有东边，西边就没了），南边还有一大堆港口，这个密西西比河纵贯南北，一直通到离五大湖很近的地方，所以只用开一条很短的运河，就可以和五大湖连上了。为什么要连上？因为从大西洋可以一直开船进入美国，经过五大湖，再通过运河进入密西西比河，就可以纵贯美国一直开到墨西哥湾！所以我说这块地方简直得天独厚极了。

森林

美国的森林覆盖率当然是极高的，比中国高了不只是一点儿。我曾经从美国大陆的最南端，就是佛罗里达群岛最南端的小岛基韦斯特，一直开车北上到了千岛，接近加拿大边境了——大家吃的那个千岛酱就是从这里来的，这里是美国过情人节、结婚的地方。**一路上全是森林，美极了，**尤其是从纽约开到波士顿的路上，森林更是极美，你在中国几乎看不到。但是在中国有一个景象你在美国也看不到，就是在高速公路上，刚亮五秒钟就钻到隧道里去了，又亮五秒钟，又钻隧道里去了。中国修建高速公路的成本是美国的很多倍，因为要架桥梁、挖山洞。我在美国待那么多年，在很多高速公路上开过车，很少钻过隧道，几乎就是一马平川。

矿产

美国的矿产极为丰富，几乎不缺任何东西，所以美国经常出现那种极端的保

△ 美东的森林在秋季是红黄绿三色，所以非常漂亮，从波士顿开往新罕布什尔和缅因更能体验到这一点。即便在人口比较密集的纽约州，也能保留很大的森林面积。

△ 美国开采本土石油的成本较高，还有战略上的考虑，所以进口为主。而开采的成本有一大原因就是环保组织，出于对环境的担忧各种禁令屡出不止。这些年由于高油价和技术发展，使美国开采页岩油和页岩气的热情高涨，产量很可能会大幅上升。

守主义，也叫孤立主义，就是说咱又不缺东西，咱干吗跟人家发生关系啊？人家那儿打仗也打不着咱，人家干别的事儿跟咱也没关系。美国经常会出现这种孤立主义思潮，"一战"和"二战"的时候都曾经出现过。

美国的矿产都特好，包括石油。**美国自己的石油都封着不采，而是从阿拉伯国家那儿买，一打仗他们才采自己的。**他们的石油不但储量丰富，在全世界数一数二，而且质量也特别好。德克萨斯轻质油，汽油含量极高，恨不能喷出来直接加在车里就开走了。我国那油田灌十吨水，漂出一吨油来，而且都是重油，里面还有50%的沥青，炼半天才炼出一点儿汽油来。

美国的铁矿都是富铁矿，恨不能拿出来就是大铁疙瘩；我国的铁矿都是贫铁矿，含铁量极低，仅百分之几，大部分都是石头。在中国有一道程序叫"选矿"，经过筛选的矿才能炼铁。

金矿就更不用说了，美国的一个城市就叫旧金山，当年开发大西部，第一批华人勇敢冲到美国去，就是为了美国的金矿。至于银矿，美洲的银子简直到处就是，当然，银矿主要在墨西哥，但美国也有不少。煤矿，包括造原子弹的铀矿，美国也是一点儿都不缺。

人

这么好的一个地方，才会吸引了全世界的人。贪婪的人也好，亡命的人也好，对幸福生活充满向往的人也好，被迫害的人也好，都到那儿去。不然，这么好的一块地方，就给一帮印第安人占着，骑着马呼哧呼哧，头上插着鸡毛，那还行？

当然，美国吸引移民还有很多其他的原因，到现在，实际上主要还是体制的原因，自由、平等、机会多、不受歧视，等等。你要是中国人，在其他地方，全世界最不歧视你的国家，除了新加坡以外就是美国。华人到其他国家去，几乎多多少少都会被歧视。你到了巴黎，就算那儿再好，你也融不进去，人家看着你的眼神永远都像是在说，你不是一法国人。但在美国无论你长什么样，他们都会认为你是美国人，你就算长成我这样，人家也觉得你是一个美国人。

美国这个国家的政治智慧和它自由、

△ 中国人的民族归属感很强，比如可能几代移民后的纯粹的华裔美国人，也统称"美籍华人"。其实除占美国人口4%左右的印第安人原住民及其后裔外，其他人只有祖先来美国早还是来美国晚的不同，统称美国人。这种移民文化使得美国人在心态上和其他大国有一些微妙的差异。

平等的精神，使得各个民族最终融合在一起，**也使美国成为世界上最吸引人的地方。**

这个地方物尽其用，就连一小块沙漠，也被用来实验原子弹，在拉斯维加斯还搞赌场。

还有就是人尽其才。当然，我们也在追求人尽其才，但是每个民族总有不同的基因，擅长的事也不一样。全世界只有美国能把全世界各个民族的人都吸引过来，然后各自发挥各自民族的优势，共同建设他们的国家。其他国家就没办法，就算是不擅长的事，也必须得干啊，因为这块土地上就我们这一个民族。日本是大和民族，韩国是大韩民族，法国那儿一堆人喝着红酒，他们想干点别的事儿，但没那基因。当然了，这也是双刃剑，毕竟每个民族还都有坏基因，所以美国的智慧就在于此：充分利用每个民族好的基因，至于那些导致各民族互相冲突以及种族歧视等的坏基因，就用制度、政治智慧、平等自由来调解。

美国第一大民族是英裔的，在美国现在叫 WASP，就是白种的、盎格鲁撒克逊的基督教新教徒。他们在美国负责创立和坚守主流价值。所谓的美国精神、美国梦，说的就是 WASP 的精神和梦，**在美国，总统几乎都是他们当**。有极少数不是 WASP 的总统，比如奥巴马，他是黑人，而 WASP 第一个字母 W 就是 White，是白人。还有肯尼迪总统是爱尔兰裔的天主教徒，这是美国的第三大民族，由于肯尼迪家族的背景和肯尼迪个人的才华，他当了一次总统。奥巴马当总统是水到渠成的事儿，因为美国各民族的融合，WASP 已经不再是政治或者法律意义上的第一种族了，**它演化成美国价值观的体现**。

当然，WASP 也有很多负面的影响。提倡种族平等之后，WASP 经常被当成异己，就数你白人懒、孤僻。但即便如此，WASP 价值观目前还是占据着主流地位。每个大学的橄榄球四分卫以及啦啦队队长都必须得是 WASP，因为在主流价值观里，橄榄球是美国的国球，它的四分卫就相当于队长，是组织者和指挥者，所以必须得由 WASP 担任，这是标准；啦啦队队长也必须得是这种白人，金发的那种大美女，你要是黑头发拉丁裔的美女就不行，当不了啦啦队队长。黑人再健壮，再聪明，连总统都当上了，迪斯尼乐园的游行队伍里，

△ 随着美国人口成分的复杂化和民族的增多，英裔以外的总统人选也相应增多。我记得大小罗斯福总统是丹麦裔的。艾森豪威尔总统从名字的拼写看，应该是德裔的。

△ 现在美国文化中也包含了很多白人的自嘲，比如《老友记》中主角提到的 white trash，以及 stupid white men 等。精英形象已经没有以前那么明显了。

△ 我觉得也不是那么明显。若单论经济中心，美国有三块，一是东北，二是南部，三是加州。如果刨去加州不看，从东北的波士顿到南部的德克萨斯，大概是 2000 英里。与中国东部沿海经济区，哈尔滨到广州的距离 3300 公里大致相同。中部都是人烟稀少之地。之所以显得广阔，主要还是发达的加州距离主要的经济区域太远了。另外，美国城乡差距更为平均可能也是影响观感的原因之一。

有时候白雪公主都由黑人扮演了，但是在美国历史里，只有 WASP 才是"精英"的代名词，你是 WASP，当了四分卫，就有能力去华尔街。

美国大概是全世界唯一资源分配十分平均的国家，没有哪块地方明显比其他地方都好，所以就不会出现资源明显地向一个方向集中。不像我国，明显就东南沿海好，要平地有平地，要海有海，交通也好，于是人口都集中在东南沿海，工业、商业、教育等也都集中在那里，因此我国就变成一个以"北上广"为中心的国家。

其实很多欧洲国家也相当集中，法国集中在巴黎——法国只有两个地方，巴黎跟外省；英国集中在伦敦，伦敦人口差不多占英国的 40%。美国不是这样，它被分成无数个中心。金融和钱在纽约，伟大的高科技以及全世界的发动机在硅谷，大娱乐在好莱坞，波音飞机、微软这些大公司在华盛顿州，CNN（美国有线电视新闻网）这种大媒体在乔治亚，航天中心在德克萨斯，等等。

在美国，每个人一生平均会在 12 个城市生活，人口流动性很大，就因为它是个多中心的国家。不像在中国，我非得去北京，背上包就北漂了，而在美国你去哪儿漂都行。光音乐就集中在好多地方，乡村歌曲在南部的纳西维尔，爵士乐在路易斯安那州的新奥尔良，主流的商业摇滚乐在加利福尼亚，另类的摇滚乐在西雅图。此外，各种名校集中在东部，形成了著名的"常春藤联盟"。

WASP 负责建立、捍卫价值观以及输出文化，美国输出的文化全部是 WASP 文化。好莱坞电影里的爱家庭、重传统，这都是 WASP 文化。奥巴马之所以能当选总统，是因为他虽然皮肤是黑的，但是他的竞选纲领以及他本人流露出来的整个文化教养都是 WASP 态度，所以美国人民才会选他。

美国第二大种族是德裔，第三是信天主教的爱尔兰后裔。德裔跟英裔这前两大种族都是信基督教新教的，所以基督教新教在美国是最大的宗教，几乎就是美国的国教——当然，美国是没有国教的，宪法规定不允许树立国教。既然是人尽其才，那么德裔干吗呢？德裔会打仗啊！德国人天生会打仗，这个大家都知道。美国"一战"

远征军总司令潘兴就是德裔，他是五星上将，其实就相当于元帅。美国人没有元帅，四星就是上将，五星还是上将。五星上将很少，就那么几个人，"一战"时就只有潘兴一个五星上将。"二战"时，美国人两线作战，欧洲盟军总司令是艾森豪威尔，大家一听这姓就知道他是德国人，因为姓特别长。施瓦辛格当选加州州长的时候，全体记者反对，为什么呢？记者说，我们不是在政治上反对，我们是嫌你的名字太长了，我们那报纸写不下。太平洋战场总司令、海军五星上将尼米兹也是德国裔。这就是人尽其才，打仗的时候我们德裔上，我们会打仗。

　　谈到做生意，便是犹太人的天下了，犹太人是全世界最会做生意的，美国的犹太人几乎掌握着国家的经济命脉。犹太人把美国搞得很富强，美国那么多大银行、大企业都有大量的犹太人。此外，犹太人还会搞艺术，全世界的小提琴家、钢琴家，曾经一半以上都是犹太人。犹太人又爱搞艺术，又会做生意，所以全世界只有美国能有好莱坞。其他地方的人只能要么做生意，要么搞艺术，英国人、法国人、中国人都是这样。我们在好莱坞混的时候，干杯都经常不说 cheers，而是说"马搜塔夫"，就是一句犹太人的意第绪语的"干杯"，为了巴结人家犹太老板，都说这个。

德裔能征善战，华裔能写会算。中国人的学习能力，尤其是在数理化方面，那是天下无双，跟全世界任何一个民族比都没问题。我的很多朋友的孩子，在中国都考最后一名，到了美国就考第一，永远考第一。有一天，我一个朋友对他儿子说，你要是再考一次第一，我就送你一辆车，结果他考了一个第二。我朋友说你怎么回事儿，怎么今天考了第二？这孩子说，因为我们班又来了一个中国人。中国人的数理化能力远远超过美国人，你在街上问美国小孩 5 乘以 6 等于几，他真不知道，他不背九九表。很多美国人连算术都不会，也根本不知道怎么算账。

这点徐静蕾可以作证。有一次我跟徐静蕾开车去北加州参加音乐节，我们买了 8 杯啤酒，5 块钱一杯，两个售货员算了半天，说 25 块钱——我一点也没开玩笑。在美国的任何一个考试中，计算器都是允许带进去的。你在美国买东西，97 块钱，

△ 这里说到文化传承和职业选择。种族被职业符号化，如同看见犹太人便觉是银行家，看见菲律宾人就想起女佣一般；看见中国人和印度人，就会想起高校教师和计算机行业人士；看见黑人，就会想起运动员、歌手；看见墨西哥人，就会想起体力工人。每种民族似乎都有自己擅长的职业，通过文化代代相传。

你给他102，在中国大家都知道是什么意思，就是你找我一张五块的呗，而在美国没有一个人知道是什么意思，他一定先把那个两块还你，然后拿着一把钱说，98、99、100，分开找给你。

所以我说华人数理化的能力太强了，美国的高科技事业就有大量的华人工程师参与。林书豪打篮球火了以后，有一个黑人篮球运动员说，我现在准备去学数理化了。为什么呢？他说打篮球本来是我们黑人干的事儿，中国人都来打篮球了，那我们就没事儿干了，只能去学数理化，上硅谷得了。华裔留给美国人的印象就是学习特别好，名校里到处都是华裔。华裔跟犹太人的智商差不多，在美国算智商最高的两个民族，但是他们的兴趣不一样，犹太人的高智商用在做生意，华裔的高智商用在搞科研。所以硅谷有人曾经说过，我们这儿重要的产品不是PC，是IC，Indian&Chinese，就是这儿除了印度人就是中国人。

爱尔兰人负责当官。爱尔兰人可喜欢政治了，而且能把各种事儿处理得特别好，所以美国各种州长、市长，政治团体以及工会，大量是爱尔兰人干。此外，还有意大利后裔负责黑社会。黑社会是一个民主国家的重要组成部分，因为在民主国家得讲法律，你没证据，我就是"教父"，你也不能起诉我。不像在希特勒统治下，不跟你讲法律，老子今天就是要毙了你，于是黑社会就活不了了。黑社会必须得活在民主社会里，然后靠一大堆律师等法律武器掩护，才能生存。

总而言之，这个国家有这么多个民族，大家各展所长，在这块土地上生活着。这块土地给大家提供了什么呢？梦想。你只要有梦想就来。于是这块土地集中了各个民族，把各自最好的基因都带到这儿来，发挥自己的长处，共同建设这个国家。

当然，我还是那句话，每件事都有两面性，每个民族都有劣根性。如何融合这些民族，如何解决他们之间的矛盾，是一个极为复杂的问题。

第五期·美国人与物 破破的桥点评

晓说2

自由、平等的美国精神使它成为世界上最吸引人的国家。

各种肤色各种信仰各种语言的移民共同构成一个伟大的国家——美国。

多中心化的美国，每个人一生平均会在12个城市生活，真是"移民"+"流民"的国家。

德意志人会打仗！

我们华人爱学习！

我们印度人也不弱！

我们爱尔兰人喜欢政治！

这块地方归我们意大利黑手党管！

我们犹太人掌握了国家的经济命脉！

每个人，无论什么种族，来自什么国家背景，都能在这里实现梦想。

文冤阁大学士 点评

第六期
神秘 442 团
「二战」中的美国奇兵

今天讲美国**最小的一个少数民族**——日裔。

日本人这个民族是全世界最爱自己国家的民族之一。大家都知道，日本有不少经历跟我们一样，被西方侵略、半殖民地化，等等，大家时常听到"汉奸"这个词，有很多著名的汉奸，可是大家**没有听说过历史上有什么"日奸"**吧？日本是个单一民族的国家，又是**岛国**，他们对自己的国家特别热爱。那么，如此爱国的日本人到了美国以后，他们会是什么样子的？他们是仍然那么爱着自己的日本，还是会爱上美国这个**民族大熔炉**？

我讲一个小故事："二战"的时候，因为日本袭击珍珠港，导致美国国内群情激愤，仇日的情绪高涨。实际上美国参加"二战"，就是在日本袭击珍珠港之后。连德国都没有袭击美国的任何港口，只是打沉了几条援助英国的美国商船而已，再加上在美国国内，德裔是第二大种族，仅次于英裔，所以美国对德国的感情很复杂，至少不是那么仇恨的。美国在"二战"之前宣传，对于德国，他们只是反纳粹、反希特勒。但是**日本是真的袭击了珍珠港**，美国太平

△ 看来，对印第安人还没有赶尽杀绝。

△ 呃，这个可能是我们孤陋寡闻。不过，日奸理论上存在吧？不然，怎么有"日奸"这个词呢？

△ 我立刻想起英语里的 insularity（岛国居民的特性）一词。

△ 如今 melting pot 这个概念不时兴了，美国各个种族开始强调个性，所谓 We stand together, alone 是也。

△ 虎，虎，虎！山本五十六！对上峰要打美国的战略很反感，但君命难违，遂拼死一搏，搞偷袭。

洋舰队损失惨重，好几千美国人的生命真的没有了，所以美国国内掀起了强大的反日浪潮，一扫过去孤立主义不愿意参战的立场。美国国会最后只有一个和平主义者没投票，两党一齐投票支持总统向日本开战。当时在美国的西海岸有大量的日本移民，有十来万人吧，现在没那么多了，现在日本人可能更爱自己的国家，不移民了。

在美国大城市里，韩国城很大，中国城就更不用说了，华人在大洛杉矶地区都占了六个市了。但是在洛杉矶那么大的一个移民城市里，日裔只占了特别小的几条街。美国对日开战后，在西海岸的大量日本移民受到了美国各民族的攻击。美国人为了报仇，就砸他们开的店，甚至美国政府突破了一个民主自由政府的底线，下令将所有的日裔美国人（很多人都已经在美国生活了好几代，已经成为美国人，很多人甚至连日语都不会说）全部都抓起来，关在犹他州等几个中西部荒凉州的集中营里，在西岸就关了11万人，被**圈在夏威夷**各个地方的日本移民更多——这严重侵犯了人权。

在日裔美国人的集中营里，有这样一个很有意思的情况：第一代的日本移民，

△ 比起中西部荒凉州，还是夏威夷吧，就算没草裙舞看。

他心里确实还是爱日本的，他觉得遇到了跟日本开战这件事，他宁可被关在集中营里，但是第二代、第三代日裔是爱美国的。华人也一样，第二代、第三代的华人移民，比如林书豪，他们心里觉得自己就是美国人。美国驻华大使洛家辉也是第二代移民，他不但认为自己是美国人，而且坚定捍卫美国的利益，他虽然长得与中国人一样，但他是一个纯正的美国人。所以在日裔集中营里，大批的第二代、第三代日裔美国人要求参加美军，为祖国战斗。

这当然导致发生了**大量的冲突**——第一代的日本移民恨不能拿鞭子抽自己的儿子、孙子说，你怎么能背叛我们的祖国？你怎么能上前线参加美军？儿子们说我就是美国人，我在美国生，在美国长，我爱这个国家，今天我被关在集中营里，是因为你们是日本人。

后来，在集中营里爆发了绝食，那些第二代、第三代日裔的美国人绝食抗议：我们是美国人，我们热爱祖国，我们忠于美国，不能把我们关在集中营里，在祖国最需要战士的时候，我们要去打仗，要上前线。这个事反映给了美国政府，政府就

△ 别啰唆了，打一架吧。老子挥武士刀，儿子用棒球棍。

做了一个调查，就问你认不认同自己是美国人，你愿不愿意为国家上前线去牺牲，结果集中营里半数的人填了"我愿意"。

一开始政府还不敢大规模地用日裔美国人，就弄了一千来人，抱着试一试的态度，把他们组成一个营。这个营的番号特别逗，因为美国大部分军队的番号都是在师下面，而营是在团下面，但是日裔的这个营很特殊，没有一个团要他们，因此也就没有被编在任何一个师下面，而是给了他们一个单独的编号，就叫 One hundred Battalion（100 营）。100 营编好了以后，训练好了，还是没敢把他们送到太平洋战争前线，因为到了那里，直接面对的就是跟他们长得一模一样的日本人，所以把他们送到了欧洲前线，送到了意大利战场。

结果这个 100 营极为能打，在意大利前线屡立战功，在多次对德军激烈的战斗中，一点也不弱于德军的战斗力。于是 100 营开始受到欢迎，被编进了一个师——美国陆军 92 师。92 师有一个外号，叫作"Rainbow Division（彩虹师）"，大家知道 rainbow 就是彩虹的意思。为什么叫 Rainbow Division 呢？因为那里有黑人。

△ 日本人打意大利人，意大利人说："待会儿，俺们吃两斤通心粉再来。"日本人哪里肯依，拍马摇枪就打得意大利人花落水流，然后自己再煮碗乌冬暖暖身子，"喔伊细！"——我完全能想象这个"极为能打"。

"二战"的时候，美国的种族歧视还是很厉害的，黑人是不能上前线的，只能做后勤工作，背伤员、送粮食等，在前线作战的全都是白人。大家看过的那些关于"二战"的电影，《拯救大兵瑞恩》也好，《兄弟连》也好，都不会见到几个黑人，黑人只能在后方。海军也是这样，黑人只能在机舱里做后勤工作。即便在朝鲜战争的时候，黑人也没有普遍地被编进美军的编制里。但是92师里面有黑人的团，因为当时急需战士。既然92师有黑人，干脆就把这日裔美国人的100营也编了进去，并且还将各种肤色的士兵都编在这个师里。彩虹就是七种颜色嘛，于是92师就被半歧视半开玩笑地叫作"Rainbow Division"。

100营在意大利前线的英勇奋战让美军非常震惊，因为一开始美国人特别看不起他们，嫌他们个子矮，甚至管那个营叫**"土拨鼠营"**。结果发现100营的日裔美军竟然这么能打，消息传到国防部，国防部说那太好了，快，到集中营里再弄点人来。结果到集中营里又召集了4000日裔的美国人，组成了442团，然后就被派到了欧洲前线，仍然是在意大利战场上跟德国人

△ 搁在咱们这儿，就是"土行孙营"。

△ 德军在苏联的惨败，正应了沙皇 SAMA 的名言："我们俄国有两位最牛的将军：一月将军和二月将军。"德军，不是打败的，是冻坏了。

△ 江湖上最值得尊敬的，就是不要命的，当然，还有不要脸的。

打，他们一个团能跟德国的一个团打成平手。当时**德国军队的陆军是全世界最强的**，不管是苏联红军还是美军，同样编制的队伍是没法儿和德军打的，所以说这个 442 团是真能打。

最后被欧洲盟军总司令艾森豪威尔发现了，他说这个团既然这么能打，就把他们调到法国前线去。于是 442 团就从意大利前线被调到了法国前线，在那里成为"救火队"，东奔西杀，哪儿危险，哪儿艰苦，就到哪儿去打。当然，伤亡率也是极高的，经常打到一个排剩七八个人，一个连剩十几个人。他们曾经在一次营救另一支美军部队的过程中，突然高呼万岁，发起了自杀式冲锋，连日本人的那种武士道精神都显现出来了。他们向德军发起的这种自杀式冲锋与肉搏战，把德军都吓了一跳，**同时 442 团也受到了德军高度的尊敬**。美国军队是从来不搞自杀式冲锋的，那都是日本人干的事。

这支部队多次被来来回回地调动，创下了优秀的战绩，一直打到"二战"结束。他们的英勇奋战，使这个团成为美国建军以来荣誉最高的团。442 团只在"二战"

中间出现了仅仅两年多的时间（后来这个番号就被取消了），**这个编制只有 3800 人的团获得了 1.8 万多枚勋章，获得过 7 次总统集体嘉奖。**在美军的第一王牌师——陆战一师的作战史上，只获得过两次总统集体嘉奖；美军的 101 空降师，也是美军最精锐的部队，获得过 3 次总统集体嘉奖。但这支全部由日裔美国人组成的 442 团，竟然获得过 7 次总统集体嘉奖。

有一点需要说明，442 团不是全部由日裔构成的，它所有的士兵都是日裔的，但军官不是。**美国人终究还是不信任日本人，**军官不给日裔当，所以在 442 团连级以上的军官都是白人，士兵都是日裔。正是这些日裔士兵付出了**巨大的牺牲**，这个团才获得了最多的荣誉。

"二战"胜利结束之后，美国总统杜鲁门下令给国防部——他要在白宫门前的那条宾夕法尼亚大街上检阅一支最光荣的美军部队。**杜鲁门**总统给国防部的标准是：勋章最多，伤亡最多。最后经过调查，符合这两项指标的都是 442 团。当时美国陆海军及海军陆战队三军总共有 1000 多万人，而这支由日裔美国人组成的 3000 多

△ 逆天啊！

△ 和清朝满汉关系类似。

△ 美将功成日骨枯。

△ 老蒋拍过张照，pose 摆得赞，自题一句"楚门大总统惠存"，就是杜鲁门了。把 Truman 翻译成"杜鲁门"的，舌头忒不利索。

人的部队，居然是符合这两项的！442 团的伤亡率高达 370%，370% 是什么意思？就是这个团经过多次重新换人，平均每一个岗位都死过三个人，最后整个 442 团总共牺牲了一万多人。不过，这个团并没能去白宫接受检阅，因为那时候美国的种族歧视还比较严重——其实就算是今天美国人也不能忍受这样的情况：人类有史以来最大的战争，美国最光荣的一场战争，打败了纳粹，最后在白宫门前接受检阅的却是一支由日裔组成的军队，虽然他们完全符合能被接受检阅的各种标准。

最终杜鲁门还是检阅了一支由白人组成的美军部队。不过，442 团凯旋的时候，也受到了隆重的欢迎，他们每个人胸前都挂着两三个骨灰盒，就是他们死去的战友们。他们的亲人还被关在集中营里。当时他们的父母坚决不让他们上前线，哪怕是去打德国人——美国打赢了德国，那日本还不跟着倒霉？而他们违背了自己父母的意愿，热爱着这个国家，去替这个国家奋战。到现在为止，美国也没有哪支部队能超过 442 团所获得的荣誉。

在"二战"结束以后，上千万美军裁

军到 300 万的时候，大量的番号都被取消了，只保留了一些王牌师，比如陆战一师、第三师，等等。442 团的番号也被取消了，但是美军为了纪念这个最英勇的 442 团，把"100 营"这个番号保留了下来。一直到今天，美军中还有这么一个独特的 100 营。

每一次美国通过民权或者自由法案，都会有人想起这支部队以及当年对那十几万日裔美国人的不公正待遇。当年，杜鲁门总统得知他要求检阅的部队居然是一支日裔部队的时候就说，我们犯了错，他们是忠诚的美国人，他们热爱这个国家，美国是一个伟大的国家，不分种族，他们都是美国儿女。里根总统在通过公平自由法案的时候，正式向当年被关在犹他州等地的日裔美国人道了歉，给他们平反，向当年被关在集中营的每个日裔家庭赔偿了两万美金。到了老布什任总统的时期，国会又追加赔偿了每个日裔家庭两万美金。在美国政府、美国国会以及美国知识分子中间，"二战"期间关押日裔美国人算是一件严重侵犯人权、严重违背美国自由平等精神的事情，**这在美国历史上算是一次耻辱。**

△ 过而能改，善莫大焉。人类的文明就是在一次次直面耻辱中成长起来的。

但是，大部分的美国老百姓，包括日裔美国人，并不知道这件事情，因为政府不愿意宣传这件事情。我在美国的时候跟许多好莱坞的大制片人谈过这个问题，我说《拯救大兵瑞恩》拯救一个兵都拍了一部电影，为什么不拍一部442团的电影？他们那么英勇，能激发爱国主义情绪，最后又能表扬美国政府知错就改。所有制片人听完我的话都是一样的回答：**谁要看这个电影？我们为什么要拍这个电影？美国人会看这个电影吗**？

美国人民也是被那种WASP精神洗了脑的。李安导演拍过一个电影叫《与魔鬼同骑》，讲在南北战争中，南军里面有黑人。李安导演花掉3800万美金，就因为黑人的内容，一场都没放，被锁在了哥伦比亚片库里。他去做试映的时候，所有观众看到南军里面有黑人马上就不看了，他们就觉得这不可能。美国人民也被大量地洗了脑，**他们认为正确的是上帝、WASP、白人**。所以说你去拍一个电影，讲"二战"中间美军最英勇的一个团是由日裔组成的，美国观众绝不会看，而且他们会不满，会抗议。知识分子会说，这代表了美国的包容

△ 资本主义文艺，说到底，还是个"钱"字。

△ 这真是高师的过来人语。对美国，别想得太迪士尼了。

性，但是这些东西美国老百姓是不接受的。

那么，日本老百姓会看吗？由日裔组成的一个美军团，最后打败了德国，还打败了日本，日本人更不会去看。所以说，这种电影就是知识分子的小电影，是艺术片，但是因为是**战争题材，成本必然巨大**，不可能用艺术片的成本去拍。

对于 442 团，主流媒体从来都不宣扬，只是政府、国会会说说，**但那都是政治的表态**。所以通过这些日裔美国人的事情，我们能看到美国种族问题的一个方面——感谢你还是感谢你，认错还是认错，但是从不向大家宣传这个事。

现在在美国，日裔极少，我不知道是跟当年日本移民受到美国政府不公正的待遇有关，还是跟日本人空前热爱自己的国家，不愿意移民有关，当然，也可能跟日本人说不好英文有关。日本人为什么说不好英文呢？因为当年日本全盘西化，把英文引进来的时候，大量词语都没有翻译成日语，而是直接就用英文，导致日语里有大量英文词汇，但都是按日本式的发音读出来的，要让日本人把这些词改成英文发音是极其困难的。比如说日语里土豆就

△ 战争片成本再大，也小过战争。长远看来，不如拍他一部，以儆后人。

△ 就怕态都不表，一句"向前看"，清盘。

△ 我来拟个音：扛彪打。高师《标日》学过没？"排球"英文叫 volleyball 而日文用的也是音译：把来暴露。

△ 可能和日本人爱干净也有关系，纽约地铁随时受不了。

叫 potato，电脑就叫 computer，还按照日语的发音习惯天天就这么说，说惯了**日语发音的 "computer"**，再想说英语发音的 "computer"，就说不了了。我在美国碰到的世界各国的移民（第二代就不说了，他们都说得跟美国人一样），就是第一代日本移民说得最差。曾经有个日本人跟我说了半天他的日式英语，我真的一点儿没听懂。

所以，日本人的英语发音不好听，他们在这个国家生活得就可能不太舒服。不管是因为日本人空前爱国，还是因为日本更加富强，还是因为 442 团这件事——可能这些原因都有，总之，**在美国的日裔真的不多。**

我军大胜，长官为何忧心忡忡？

美国国力雄厚，工业产能惊人，偷袭无伤元气，我国难以匹敌。

把日裔移民全部关起来？太没底线了吧？说好的人权呢？

不管那么多了！非常时期，日本人太可恶！

山本五十六虽然极力反对与美国开战但还是受命接掌联合舰队跨越太平洋。

偷袭珍珠港让孤立主义盛行的美国掀起反日浪潮，也使十几万日本移民遭了殃。

我宁可被关在集中营里，你们这些日奸竟然想加入美军？你们心里还有没有祖国啦？

虽然我和你一样是黄皮肤，可是我内心是美国人！

我们是美国人！我们要上前线保卫国家！

和第一代移民不同，生于新大陆的二代、三代日裔移民觉得这里才是祖国，要为美国而战。

这些日本人疯了！快跑！

日裔100营和后来组建的442团，让国防部大为震惊。

超越美军所有王牌精锐部队的442团，战后却很少再有人知道他们的事迹。

第六期・神秘 442 团『二战』中的美国奇兵 变态辣椒漫画

独眼（叶扬）点评

第七期
历史上的犹太人
精英民族命运多舛
（上）

犹太人只有600多万人在美国，和合法的华裔差不多，如果算上非法移民，美国华人的数目就会远远超过犹太人。**华人在全世界有十几亿，犹太人在全世界只有1400万，将近一半都在美国。**

美国犹太人的故事太多了，如果从犹太人的起源开始讲，就没完没了了。迁徙、颠沛流离、大屠杀等，大家查资料也都能查到。今天重点讲的是我个人接触到的犹太人以及我个人看到、想到的一些事情。

先给大家讲两个小事。

第一个是我导演的第三部电影——大家都不知道，因为没有在国内公映，跟美国的一家公司合作，这家公司的老板就是个犹太人。

这家公司是一个小电影公司。大家知道，好莱坞几乎就是犹太人的天下，好莱坞的八大电影公司〔注：好莱坞八大电影公司，分别是环球影片公司（Universal Picture Co.）、派拉蒙影业公司（Paramount Pictures, Inc.）、20世纪福克斯电影公司（20th Century-Fox Film Corp.）、哥伦比亚影业公司（Columbia Pictures Corp.）、华纳兄弟影业公司（Warner Bros.）、米高梅公司

△ 犹太人和遍天下的华人不大一样，根据2012年年初的统计，80%的犹太人在以色列和美国，其实是全世界50%的犹太人集中在特拉维夫、纽约、耶路撒冷、海法和洛杉矶这五个城市。美国差不多有500多万犹太人就在纽约和洛杉矶两地，这两个城市人口加起来大概1300万吧。可想而知，在纽约和洛杉矶遇到犹太人的概率有多大。

Δ 几个姓都是奥匈帝国强制犹太人登记之后犹太人被迫就地选择的姓，是德语姓或者中东欧姓，像姓某某"斯基"可能就是俄罗斯的犹太人。真正的犹太姓氏主要有三个系列：Cohen（Cohn、Kohen、Kohn、Katz 等，是希伯来语 kohen/kohain 的变体，是 priest 的意思）、Levy（Levin、Levine、Levitt 等，表明这人是 Levi 一族的后裔）、Israel 的变体（Israeli、Yisrael 等，是雅各与天使摔跤之后被神授予的名字，其后代被称为以色列人）。

（Metro-Goldwyn-Mayer）、联美公司（United Artists Corp.）、雷电华影业股份有限公司（RKO）〕，大多都是犹太人创建的。米高梅（MGM），Metro-Goldwyn-Mayer，这三个人里有两个是犹太人；华纳兄弟，兄弟四人都是犹太人；派拉蒙，创始人是犹太人；福克斯，听这名字就是犹太人。**在美国，你听到叫什么"伯格"的一定是犹太人，斯皮尔伯格、索德伯格、扎克伯格，等等；听到叫什么"维茨"的，也一定是犹太人；** 叫什么"斯基"的，大量的是犹太人，少数不是。此外，后来创立的梦工厂电影公司（DreamWorks），三位创始人——史蒂文·斯皮尔伯格、杰弗瑞·卡森伯格和大卫·格芬都是犹太人。我拍电影的这个小公司很小，老板也是犹太人。

这位犹太人很有特点，是犹太人的代表。他是法国生法国长的波兰裔犹太人，移民到了美国，入了美国籍，但是他热爱以色列——这就是典型的犹太人。他名字的后缀就是"斯基"，听见他的名字，基本上就能判断出他是个波兰犹太人。

我去他的公司，一开始就感觉挺奇怪，这公司的员工说英语怎么都这味儿？

我问他，您都在哪儿招的这些员工？怎么都这口音？

他说，我从以色列招的啊！

我说，你为什么从以色列招员工？

他说，以色列是我的祖国啊！我不能在以色列为祖国作贡献，至少能给祖国的犹太人提供点就业机会。我专门去以色列招员工，而且我专门招服过兵役的。

以色列大部分男性公民都服过兵役，因为以色列四周全部是敌国，被20多个阿拉伯国家包围着，只有西边地中海没人包围。**以色列几乎是全民皆兵**，经常下了班换上军服，就上街巡逻去了，或者是随时一发警报，大家就到固定集合点，拿着枪就上战场。以色列能够在48小时内集合出比常备军多出好几倍的作战部队，开赴前线。

所以，他说"我招来的员工都是为国服过役，而且都是杀过阿拉伯人的"这句话，让我特别惊奇。我问他为什么，他说，杀过阿拉伯人的就是以色列的英雄，就是我们犹太人的英雄。

于是每次去电影公司开会，看着这些人，我都害怕，毕竟他们都杀过人。其实

△ 以色列规定阿拉伯裔、残障人士、已婚妇女和因宗教原因可以不服兵役，少数民族——比如贝都因人——可以自愿参加，其他以色列公民年满18岁的，都要服役，男性3年，女性2年。服完兵役的以色列人，每年还要在军中服务几周，直到40岁。不过，他们并没有那么热爱国家武装。以色列兵役规定在宗教机构就学的人可以推迟兵役，所以不少犹太正教人士不断推迟兵役，一直到岁数过线。

第七期·历史上的犹太人 精英民族命运多舛（上） 独眼（叶扬）点评

△ 德国谈不上最好。德国自己建国也晚。奥匈帝国时期"排犹"也很厉害，要求犹太人登记姓名造册管理的借口就是为了保护他们的人身安全，可见社会上"反犹"的情绪有多强烈。这招后来也被纳粹用在限制犹太人行动上了。

△ 其实罗马帝国时期排挤犹太人，不允许犹太人从事正当职业，所以他们先是成了农业交换的中间人，就变成了商贩、放贷的。可犹太人不是都会挣钱，有钱的犹太人挺少，并不比其他种族人所占的比例更高。不同的是，犹太人主要生活在城市里，因为他们中的大多数没有土地，在城市里当工人、小手工艺者、小商人的比较多。

这些以色列退役士兵在生活中很 nice，很聪明，很勤奋。Nice、聪明、勤奋，这也是犹太人的特点。

从这事你就能看出来，欧洲为什么大多数的国家都"排犹"？大家只知道"二战"的时候纳粹屠杀了 600 多万犹太人。这件事很蹊跷，实际上在欧洲的历史上，**德国是对犹太人最好、最宽容的**，历史上"排犹"的程度，德国远比俄国、波兰、法国等要轻得多，犹太人在德国生活得也最好。

在 20 世纪之前，西班牙屠杀过犹太人，俄国屠杀过犹太人，但是都没有纳粹屠杀犹太人这么严重，这其中当然有很多原因。

犹太人的确是无辜的，纳粹的确是丑恶的，但是大家想一想，你明明是生在法国、长在法国的犹太人，但是你不爱这个国家；你明明是生在德国、长在德国的犹太人，你也不爱这个国家，你永远觉得你的祖国是以色列，不管它存不存在（以色列是"二战"以后，1948 年才成立的）。

再加上你**又能做生意，能挣钱，**在这个国家获得了很多财富，但你却不认同这个国家是你的祖国，你说着自己的语言（不仅是希伯来语，犹太人到了各个不同的欧洲国家以后，还产生了各种不同的语言，都是**犹太人自己的语言**），你去自己的教堂，你在自己的民族内通婚，你有自己的传统，你永远梦想着祖国以色列。

后来有了以色列，那就更不用说了，你连雇员都要去以色列雇。你不认同法国，法国怎么认同你呢？你不认同德国，德国怎么认同你呢？这可能是大部分欧洲国家都有**"排犹"**情绪的一个主要原因。

我可以举一个相同的例子：东南亚的某些国家"排华"也很严重，跟欧洲国家"排犹"有一个共同点，就是华人在那儿生，在那儿长，也在那儿发财（华人在东南亚各国都是最有钱的人），但是他还是认同祖国，他说我有一个祖国是中国，每次一受迫害，他就跑到中国来了。

在二十世纪六七十年代，东南亚国家"排华"的时候，中国就来了大批印尼华侨和大批越南华侨。

犹太人比我们更坚定。我们一直有一个中国，外籍华人说我的祖国在那儿，实实在在地在。

可是，从公元前1世纪以色列被罗马帝国吞并，直到"二战"后以色列建国前

△ "二战"爆发之前，在欧洲的犹太人会说希伯来语的人很少，倒是用意第绪语的犹太人多。在犹太人圈里推广希伯来语是19世纪下半期才发生的事，最正统的犹太人认为希伯来语只应当在宗教环境里说，平常随便说希伯来语是对神圣古老语言的亵渎，两方争论得挺多。

△ 欧洲"排犹"的历史原因又得追溯到《圣经》上，里面说耶稣是被犹太人钉在十字架上弄死的。因为犹太人相信弥赛亚会来拯救世人，耶稣出现了，自称上帝之子，要来拯救人，犹太人认为他虽然可能是一个先知却绝对不是弥赛亚，把耶稣当成骗子。虽然耶稣本身也是犹太人，但这在后来信奉耶稣的基督教徒看来，犹太人是逼死耶稣的罪魁祸首。中世纪宗教气氛比较浓重的时候，想到这一段全欧洲天主教、基督教的忠实信徒就恨犹太人恨得牙痒痒。

第七期·历史上的犹太人 精英民族命运多舛（上）独眼（叶扬）点评

△ 因为《圣经》里有以色列，《旧约》里以色列被灭了，但《新约》里弥赛亚会拯救犹太人重振以色列。有信仰在人心里不断重复，带来希望，保持对未来的执念，这种感觉带来的"热爱"可能比身在以色列、被具体的政治和生活问题迷了眼之后剩下的感情要强烈得多。这也是有的犹太人到了以色列又离开以色列的原因。真实的以色列让他们觉得无法接受、不能适应，但遥望以色列就会感到无比强烈、十分神圣的忠诚。

这两千年来，**犹太人的祖国就是一个虚幻**。但是犹太人很坚定，我们的祖先是从以色列来的，我也是从那儿来的，以色列是我的祖国，我一定要有这么一个祖国。一旦有了祖国，犹太人就狂热地爱着这个祖国，不惜一切代价保卫着这个祖国，不管他是否生活在以色列，不管他是世界哪个地方的犹太人。

在美国的各个种族中，犹太人应该是最团结的，比华人都团结，这是美国犹太人的一大特点。最重要的原因就是他们觉得他们的祖国以色列很容易被消灭，因为有20多个阿拉伯国家虎视眈眈准备随时消灭它，所以他们更加抱团，更加爱以色列了。

下面讲第二个小故事：我在美国的大学里看过一个研讨会，研讨会上面坐着犹太的学者和阿拉伯学者。学者大多很宽容，在说到阿、以双方，或者说犹太人跟阿拉伯人时，就谈论着怎么才能和解共生，怎么才能创建一个和谐的世界。研讨会下边坐着的，一半是犹太学生，都是在美国长大的犹太人，不是以色列人，但是他们心中都认为以色列是祖国；另一半是阿拉伯学生，也是在美国长大的阿拉伯人。

学者们谈怎么和解、怎样共生，大家谈得很好，听着也很有道理。谈完之后，主持人要求听众（在座的有几百人），说我们来表决一下，主张战斗的和主张和解的，大家分别举手。当时我极为震惊——阿拉伯学生差不多99%的都要求战斗到底，只有1%的人说和解是条出路；犹太人学生也几乎100%根本不打算和解，坚决要求战斗，双方当场就吵起来了。

我印象最深的是，阿拉伯学生那边站起来一位年轻的姑娘，英文好，一听就是在美国长大的，言语相当激烈，让人感觉就是恨不得扑上去撕咬对方，犹太人学生也都各个群情激愤。学者们在台上看着台下的争吵，极为失落。他们说了半天两个民族如何和解共生，两个民族的下一代，**这些刚上大学的大学生们却群情激愤，要求战斗**。

以色列的宪法规定，只要是犹太人，就天然具有以色列国籍。保卫以色列，就是美国犹太人空前团结的原因。虽然犹太人很看重家庭、家族，但那说的也是自己的家族，而整个种族能团结起来是很不容易的。说心里话，以我对犹太人长相的观

△ 阿以双方只有暂时的消停，没有真正的和平，所有的和解都是字面上的说说而已，只要双方还在宗教、圣域、建国问题上有争议就没法和解。学者们探讨的层面和学生们所想的不同，他们不是处在同一轨道上思考。以现在的政治复杂性带来的贻害，阿拉伯世界和犹太人的宗教热情都不降温，恐怕这一两代人都不会有真正的和解。况且现在双方都还在制造恐怖事件，站在任何一方的立场上，看过那些血淋淋的景象，年轻人恐怕很难接受平静的和解。

第七期·历史上的犹太人 精英民族命运多舛（上） 独眼（叶扬）点评

△ 犹太人民族认定的方式是如果母亲是犹太人，那么孩子天然就算犹太人。母亲有责任也自然而然会在教育和饮食当中把犹太人的基本习俗和观念传递给下一代。人一旦被控制了早期教育和饮食习惯，加上对母亲的依恋，一个虔诚的犹太母亲就会孕育出许多虔诚的犹太孩子。这不体现在相貌上，却对心灵的影响更大。

△ 最典型的犹太鼻子应该是芭芭拉·史翠珊那种吧。

察，**我不认为犹太人是一个有非常明确的基因传递链条的种族**。东欧、苏联地区的犹太人很容易辨别，以色列的相关机构甚至辨别出过一支埃塞俄比亚的黑人犹太人。犹太人族群非常复杂，因为他们迁徙世界各地长达两千年。当年西班牙被穆斯林占领了之后大肆"排犹"，有一大批犹太人迁移到了中国，后来散落在陕西、河南一带，这一支犹太人最终被我大汉民族同化。现在，偶尔能看见特别漂亮的河南人或者陕西人，鼻子有点"鹰钩"的样子。郑钧是陕西人，他那鼻子就是**比较典型的犹太鼻子**。我太太的鼻子也是，我的岳父更明显，而且他们的皮肤都白，一晒就晒红了，头发天生有点鬈曲。我估计他们就是迁移到中国的那支犹太人的后裔，当然已经彻底被同化了。

美国的犹太人保卫以色列的决心是全世界最大的，因为他们的实力强大。美国有600多万犹太人，从数量上来说和华裔差不多，但是他们所掌握的资源远远超过华裔。华裔的600多万人主要都在做些高科技的事，再低层一点的就是卖卖保险、房子什么的。那600多万犹太人可不一样！

这 600 多万在美国的犹太人，受过高等教育的人数比例是美国平均比例的 5 倍，人均收入是美国人均收入的两倍，**他们几乎掌握了美国除政治以外的所有东西。**

刚才说好莱坞八大电影公司几乎都是犹太人办的；美国三大广播公司，ABC（American Broadcasting Company，美国广播公司）、NBC（National Broadcasting Company，美国全国广播公司）和 CBS（Columbia Broadcasting System，哥伦比亚广播公司），都是犹太人办的。其实，我觉得 CNN（Cable News Network，美国有线电视新闻网）后来能闯出点名头，就是因为它不属于犹太人群体，为大众提供了另一种选择。美国的那些大报纸，《纽约时报》《华盛顿邮报》等，都是犹太人办的，犹太人掌握了美国几乎所有的宣传喉舌。

在华尔街，一半的经营者都是犹太人，他们也掌握着美国的经济喉舌。犹太人办的银行、大公司在美国经济中的地位举足轻重，美国的亿万富翁三分之一以上都是犹太人。

在政界，美国参议院里有十多位犹太人参议员。在美国的政治架构中，参议院的权力比众议院大很多。美国是联邦制国

△ 太小看他们了啊。犹太人也掌握美国政治。像法国电视台跟踪拍摄的奥巴马和麦凯恩大选过程里提到的犹太复国主义者谢尔登·阿德尔森是老小布什家族的好朋友，是他们竞选的重要资助人。共和党竞选赞助的三分之一到四分之一，民主党竞选经费的一半都来自于犹太人。这些真正的资助者将政治作为工具和手段，他们知道政治不是目的，利益是目的，甚至保护以色列的利益才是目的。他们没有当美国总统可能只是因为不愿意宣誓效忠 USA。

家，州的权力很大，参议院就代表各州的利益。不管大小，各州平等，每个州都有两个参议员。众议院是按人口比例来的，人口多的州众议员就多，在众议院之上设置参议院就是为了防止"多数人的暴政"，防止大州欺负小州。所以，参议院是美国最大的权力中心。美国一共50个州，参议院一共100位参议员，犹太人占十多位，而在众议院里，犹太人有几十位。在美国，华裔也有600多万人口，但是华裔只有一位代表夏威夷做过参议员。美国的日裔有两位参议员，但是这两位参议员都曾在美军的442团里，为美国英勇战斗过，其中一位还负伤，导致残疾，经过"爱国的检验"，然后才成为美国参议员。

在美国政界，犹太人强大极了。美国犹太人从来不当大官，没当过总统，也没人选他们当总统。虽然犹太人有钱，有能力，但是美国人民对犹太人还是有疑虑。实际上，除了以色列的犹太人，在各国的犹太人中，美国犹太人应该是最爱自己的所在国的。**大多数美国犹太人认为，自己首先是个美国人**，然后，以色列是自己的祖国。而大量欧洲的犹太人直接认为，以色列就

△ 这跟美国爱国主义教育强于欧洲也有关系，欧洲整体"国家自豪感"相对比较弱，他们以语言和民族划分的区域民族感比较强烈。比如，不同国家的德语区人、法语区人、意大利语区人，彼此之间没有同属于一国的融合感，他们更像是住在一个屋檐下的室友，在他们心中，比起同属一国却说不同语言的人来，跟德国人、法国人、意大利人要更亲近。这个问题在美国反倒没那么突出，美国出现的是肤色种族问题。

是祖国，就是最重要的。即便这样，美国人民对犹太人还有其他很多疑虑。犹太人可以做生意发财，很多行业都被犹太人垄断了，尤其是金融行业。美联储前任主席格林斯潘是犹太人，现任主席伯南克也是犹太人。美联储相当于美国的央行，美联储主席是美国最重要的经济决策人物之一。

犹太人掌控美国经济、掌控美国媒体，等等，这些都可以，但是犹太人就是不能当总统。总统必须是个 WASP，白皮肤的盎格鲁撒克逊裔基督教新教徒。现在有了奥巴马，但是他基本也是 WASP 的世界观。犹太人当不了美国总统，在美国政府内部，犹太人最多就是当国务卿。国务卿很多都是犹太人，因为要出主意——犹太人聪明。中国人民的老朋友基辛格同志就是犹太人，前任国务卿奥尔布赖特也是犹太人，在克林顿时期，犹太人占了 6 个最重要的内阁位置。美国政府的内阁成员不是民选，都是总统任命，**总统要任命聪明的人。**到人民民选的时候，美国人对犹太人掌权还是有疑虑，所以犹太人最多只能有十多位参议员，几十位众议员。**但这已经能够相当程度地左右美国的政策了。**

△ 控制政治方向、控制国家的人，未必是总统本人。

△ 美国总统，像福特、卡特，之前稍有一点儿想减少对以色列支持的、稍微表现出一点儿希望推进中东和平进程的时候，都被犹太人院外游说团和犹太人基金会把动议弄砸了。甚至有议员想要提出令犹太人"有所保留"的议案，只要吹出风声就会立刻有犹太议员找他谈话，电视上就会开始大肆播他的黑历史。大选期间竞选者都要拍犹太人马屁以便赢得选票，谁看谁脸色昭然若揭。

△ 但犹太人多精啊，搞中东石油赚钱的也是犹太人，搞石油期货挣钱的也是犹太人，贩卖武器的也是犹太人。有以色列在，美国出面，美国犹太人受尽各种好处。其实中东和平对美国的国家利益是更有好处的，这美国也知道，但是以色列不乐意，美国政界就不可能推动和平进程，只能看以色列上台的总统是强势分子还是怀柔派。

除了拥有参议员、众议员和内阁成员，犹太人还有强大的"院外游说集团"，就是出巨大的钱，在"院外"公关，游说美国的参议员、众议员。美国是一个游说国家，有"游说法"。犹太人的"院外游说集团"目的就是游说国会，说以色列是正义的，以色列是可怜的，以色列是应该被保护的；以色列要是被欺负了，犹太人就不选你了，不给你钱了（每次总统大选，筹集的竞选经费里，半数以上都是犹太人给的），等等。还有各种理由，比如有以色列在，美国在中东就有桥头堡，就可以控制中东石油；有以色列在，以色列天天打仗，美国可以实验自己的新式武器，可以卖武器。**总之就是有以色列在，美国就有各种各样的好处。**

美国犹太人的强大与团结，表现在"院内"、"院外"、经济、媒体以及美国社会的方方面面。只要以色列被恐怖袭击了，美国的媒体简直是铺天盖地地报道，死一个人都是大新闻。但是以色列杀阿拉伯人，报道就少了，除非是严重极了的事件，CNN 会报道一点，非犹太人的媒体会报道一点。在以色列的问题上，大部分犹太人媒体有强烈的倾向性。在其他议题上，没问题，大家一定要公正、民主、平等、自由，唯独在以色列的问题上，犹太人是毫不犹豫地一边倒，就不能说犹太人不好。在联合国里面，对制裁以色列、谴责以色列的决议，美国都要行使否决权。联合国开会，只要一批评以色列，**美国代表立即起身离席，听都不怎么听。**

还不光是政治、传媒这些，美国相当一部分好作家也是犹太人，如菲利浦·罗斯等，我就不一一列举了；电影界的大导演，那么多的"伯格"，斯皮尔伯格、索德伯格，还有不带"伯格"的伍迪·艾伦；大企业家，世界第二富的巴菲特就是犹太人，目前最当红的 Facebook 创办人扎克伯格，你听这"伯格"，百分之百是犹太人，谷歌创始人拉里·佩奇、谢尔盖·布林，两人都出生在苏联的犹太人家庭。

美国的思想界几乎就是犹太人的天下，犹太人替全世界思考。我个人观点：人类历史上最能思考的三个人都是犹太人：爱因斯坦、弗洛伊德和马克思。我个人突发一个奇想，这三个犹太人，他们不是出卖了上帝，而是证明了没有上帝。如果有上

△ 晚一点儿抬屁股，美国犹太人就要开骂，这受得了吗？尤其是电视台里犹太人名嘴也不少。美国代表以后回国还得混政坛呢。

晓说2

△ 相对论解决的是时间、速度和空间之间的关系问题，不负责证明上帝存在的位置。相反，不少宗教人士还认为相对论中提到的时间问题，证明了上帝的存在。

△ 弗洛伊德没有明确否定上帝和宗教，在《摩西与一神论》里他还试图重建《圣经》里叙述的历史，不过完全不被历史学家和神学家接受。

△ 卡尔·马克思在成长过程中没怎么去过犹太教和基督教教堂，算是个无神论者，但他是个宗教哲学家。他在宗教上做过的思辨性思考和推翻上帝的存在是两回事。他写过《犹太人问题》就像有人写《丑陋的中国人》一样，深挖犹太人的劣根性，结果，经常被犹太人讽刺为反犹叛徒。他的思考方式能代表犹太人吗？

帝，上帝能在哪儿待着呢？你可以想象一下：上帝可能在空间里，在天上——**爱因斯坦的相对论证明了空间是什么，实际上是证明了空间里没有上帝**。那上帝还可以在哪儿待着呢？可以在人心里。又来了一个犹太人叫弗洛伊德，他证明了人心里是"原欲"之类的东西，"原欲"就是本能的冲动——性冲动。**弗洛伊德证明了人的心里没有上帝**，心里都是那些乱七八糟的东西。那上帝还能在哪儿呢？天上没有，心里没有，历史里有没有？又来了一个犹太人叫**马克思，他证明了社会历史的发展是有客观规律的**，就是历史唯物主义。经过马克思的总结，推进人类社会发展的是生产力与生产关系之间的矛盾、经济基础与上层建筑之间的矛盾，也不是上帝。这三个犹太人，分别从天上、心里和历史里证明了没有上帝——这不就是犹大吗？就像犹大出卖耶稣。当然，这仅是我个人的观点，我尊重所有的宗教，觉得宗教是个美好的东西。我提到这三个人，就是为了说明犹太人的思考能力。犹太人是世界智商最高的民族之一，做出过很多伟大的思考，诺贝尔奖大约有四分之一是犹太人获得的。

另一个并列世界智商最高的民族就是中华民族。**在美国的科学检测中，华裔的智商和犹太人的智商并列美国第一高。**可是，犹太人得了这么多个诺贝尔奖，华裔才得了八个还是九个，差不多是人家的零头。而那种旷世的大思想家，像爱因斯坦、弗洛伊德等，或者像卡夫卡这种革命性的文学巨匠，我们华人就跟犹太人没法比了。虽然智商并列最高，在美国，华裔的社会地位、对美国的影响，等等，都没法跟犹太人比。

我觉得这其中的原因是华裔有一个强大的祖国，海外华人没有犹太人的那种危机感。1948 年之前，犹太人一直没有祖国，只有"心中的祖国"。以色列成立的时候，全世界犹太人，也包括美国犹太人，哭天抢地，扛着枪拿着刀，**坐着船就奔以色列去了**，上岸就开始打仗。那块地方原先叫巴勒斯坦，是联合国划出来拨给犹太人的，原先住的大多是阿拉伯人，犹太人很少。以色列这个国家一宣布成立，犹太人就和阿拉伯人开打了。来自世界各地的犹太人，一条船一条船地冲上海滩，大家拿着枪拿着炮，来到祖国就打仗。以色列有一位著

△ 2005 年 6 月《生物社会学期刊》（Journal of Biosocial Science）发表了一篇论文谈 Ashkenazi Jews 的基因，倒是说这一系中北欧德裔为主的犹太人确实比欧洲人普遍智商高 12~15 点。

△ 美国犹太人去的真不多，欧洲从集中营里放出来没法安置的犹太人、苏联的犹太人，去以色列的特别多，当时大家说意第绪语都说得通，反而说英语的很少。而且，在以色列建国之后，曾经施行过一段集中制的生活，用的是集中居住、共同劳动、计工时、计工分那一套方法，这在美国犹太人看来太奇怪了。

第七期·历史上的犹太人 精英民族命运多舛（上） 独眼（叶扬）点评

名的女总理梅厄夫人，就是一位美国犹太人，她是在密尔沃基（美国威斯康辛州最大的城市）长大的，二十多岁时和丈夫移居巴勒斯坦。大家知道密尔沃基，是因为易建联在密尔沃基雄鹿队打过球。密尔沃基在美国最北边，100号公路那儿，是一个特冷的地方，那儿最著名的是哈雷摩托，其次就是梅厄夫人。

对以色列，美国除了人力支援，还有经济援助——我觉得都不能叫援助，那是大规模的国家财产转移。因为犹太人能奋斗，能赚钱，所以以色列是个富裕的国家，并不是穷国，可美国给以色列的援助却相当高，总额超过一千亿美元，以军事援助、经济援助等各种各样的名目向以色列转移。当然，这些钱也都是犹太人在美国创造出来的，给以色列也算理所应当。

这还是和平时期，打仗的时候，美国对以色列的支援那才叫**"不管不顾"**。四次中东战争，有两次是以色列大胜，有两次是以色列先败——以色列先败你也灭不了它，因为美国立即会出动所有能出动的军事力量。仗打到最激烈的时候，需要补充

△ 真正"不管不顾"的时期已经过去了。"9·11"之后，以色列向美国要求8亿美元的经济支持，美国没给，就是希望以色列别再挑事儿以防恐怖分子被惹急了再向美国发起袭击。

武器弹药，阿拉伯国家向苏联买，还先付款，说苏联啊，钱都搁在你那儿了，甭管什么武器你卖给我；美国则更干脆，不经过买卖这个手续——付款、签合同挺烦琐的，直接把美国现役战斗机的机徽涂成以色列的六角星，由犹太裔的美军飞行员驾着飞机就飞到以色列参战。第四次中东战争打到最激烈的时候，苏联的空降师都已经向接近中东的南部地区集中，准备大干一场，美国立即进入一级战备状态，所有舰队驶入地中海，意思是苏联你给我停，你敢威胁以色列我就跟你拼了。

以色列虽然不是美国的一个州，但是还没有哪一个州享受过美国的这种不顾一切的支援。美国共有50个州，政府对哪个州太好都不可能。美国对世界其他国家也没特别好过，唯独对以色列不遗余力地支持，流血也可以，花钱也可以，甚至不要脸也可以——明明知道以色列不对，知道以色列确实屠杀了巴勒斯坦人，但是就是要否决联合国谴责它的议案。你只要开会讨论这事儿，我就立即起立，退席抗议，可见犹太人对美国政治的左右。

美国每一届总统竞选，犹太人都会以

△ 犹太人群体还有一个特征是投票率高。不像华人和其他一些少数民族，提出倾向这些族群的意见，获得了他们的好感，人家未必去真的给你投票。

最大的力度支持某个竞选人，那种支持"务求必成"。就是只要犹太人支持了这个总统竞选人，就一定要让他当上总统，因为他们支持的人一定是倾向以色列的。**美国总统有民主党的，有共和党的，多数犹太人是民主党的选民**，但共和党上台也没关系，只要这个总统的整个政策是倾向以色列的。总统靠什么当选？第一是钱，第二是媒体。光靠钱也不行，你不能上街花钱去，说十块钱选我一票，你还是得拿钱在媒体上进行各种各样的造势和竞选活动。犹太人掌握了钱，掌握了媒体，就掌握了竞选最重要的命脉。总统竞选，不管哪个党，你都得考虑到犹太人，都得在政策上倾向以色列。

再有一个我觉得很神奇的事，犹太人不停地被大屠杀，两千年来，就是没战斗过。面对异族统治，很多民族都不停地起义，宁肯被灭族，也要抗争。有意思的是，几乎很少看到犹太人大规模的起义、抗争。一直以来，犹太人给人的印象就是，只要能生活，只要有钱就行。在 20 世纪之前的欧洲，犹太人大多被圈在犹太居住区里，现在在美国，**犹太人也是住在自己的区**

里——当然，华人也住在自己的区里。洛杉矶有一个犹太人区 Encino，我的那个电影制片人也住在那里，当然是一个富人区。长期以来，犹太人在欧洲都被圈在一个地方，经常国王一缺钱，或者教会一缺钱，或者十字军要东征，就向犹太人区伸手要钱。犹太人一直忍辱负重，面对所有的民族都特别谦卑。大家可以看到，"二战"的时候，在纳粹铁蹄下的每一个民族都有游击队，都有反抗的，包括南斯拉夫、乌克兰、波兰，等等，只有犹太人束手就擒。600万犹太人就赶羊一样被赶上了火车，拉到了各个集中营里，排着队进毒气室，就这样逆来顺受。

可是今天，犹太人给人什么感觉？世界第一能征善战的军队就是以色列军队，跟 20 多个阿拉伯国家干了几十年的仗；全世界最被传颂的情报机关是摩萨德；以色列的特种兵也被全世界传颂，以色列空军创造的世界纪录简直难以想象。1982 年那一次战争，有人叫第五次中东战争，有人叫黎巴嫩战争，以色列空军创下击落敌机 80 架、自己零损失的超牛纪录。所以美国很喜欢让以色列实验自己的武器，因为美

△ 犹太正教教徒因为宗教原因会居住在一起，在《傲骨贤妻》里，在芝加哥的一个犹太人社区，到周五严格遵循安息日制度，一天不能使用工具不能劳作，而且要用电线圈出一个区域，进入这个区域就要遵守。有这样的信仰和制度就必须群聚在一起。

第七期·历史上的犹太人 精英民族命运多舛（上） 独眼（叶扬）点评

△ 犹太人后来被关进集中营也没闲着，在奥斯维辛里就有犹太人抵抗组织，传送了不少信息，也组织了越狱。要说犹太人束手就擒，这要从头上捋线索，一开始也是社会排犹事件给了纳粹可乘之机，加上犹太人由于宗教、生活习惯比较特别，在城市中的聚集地非常明确，政府先是让犹太人登记，要求他们戴六芒星袖标，点清人数、确认了社会关系、摸好底之后才开始以保障你们人身安全为理由进行"迁移"，实际上就是驱赶，然后才是弄到集中营里。犹太人并不是逆来顺受，他们一开始只是想在合情理的范围内表现得有教养、合作，没想到一步步被请君入瓮。

国没有对手，不能天天拿出最强的武器到处打仗，就让以色列拿着美国的武器东打西打。以色列改进美国武器的能力比美国自己还厉害，因为：第一，工程师多，犹太人聪明；第二，有实战经验，一边打一边改进。然后，美国再把这个经验吸收回来，继续改进。

一个上千年来逆来顺受的屈辱民族——要钱就给，**被屠杀就束手就擒**，只要让我生存下去，一旦有了祖国，却焕发出举世罕见的勇气和战斗力。今天的以色列人都骁勇善战，以色列举国一派尚武精神，每个以色列人下了班就可以服役。那么小的一个国家，周边都是敌国，但是以色列能在被突然袭击之后，全部的男人一两天之内就上前线，马上组织反击。当然了，这和美国强大的支持也分不开。

有无数关于犹太人的段子，都是讽刺犹太人贪财、理性之类的。我亲身接触过一些犹太人，在我看来，犹太人首先是超级聪明，第二是非常有契约精神——不然他们也不能成为全世界最会做生意的人，第三是有艺术细胞——艺术这一块，我们华人好像缺乏点儿。在音乐界，犹太人有那么多大师，比如钢琴大师鲁宾斯坦。插句题外话，叫什么"斯坦（stein）"的基本上就是犹太人，包括爱因斯坦。在德语里，"斯坦"是"石头"的意思，爱因斯坦（Einstein）就是一块石头的意思，因为 Ein 在德语里就是"一"的意思。我自己瞎考证啊，可能是犹太人到处流浪，和人家说希伯来语的名字人家也听不懂，于是德国人图省事儿，看见一块石头就说"你就叫一块石头"，所以就叫 Einstein。**看见一只狐狸就说"你叫狐狸"，所以叫福克斯（Fox 电影也是犹太人创立的）。**

所以我觉得，犹太人是我们人类的精华。我们中国人说的，老天要给你最好的东西，一定要先折磨你。世界上没有一个民族像犹太民族那样，受过这么长时间的、这么残酷的折磨，最后它重建了失去两千年的祖国，焕发出前所未有的战斗力和民族凝聚力。犹太民族是对人类作出贡献最大的民族之一，从哲学到科学，从经济到艺术，包括今天服务于全球人民的好莱坞电影，几乎全是由犹太人创立并发展起来的。犹太人是好莱坞的奠基人，也是今天的管理层。

△ 有人说，这也有可能是 Ashkenazi 犹太人的姓 Fuchs 的变体，也可能是 Folk 或者 Volk 的演化，那就不是狐狸，而是桅杆或者人了。

　　我觉得，这样一个颠沛流离、受尽苦难，最后焕发出最强大战斗力的民族，是值得尊敬的民族，虽然它有很多不对的地方。今天，很多美国人也认识到，以色列对巴勒斯坦人的一些做法是不公正的，违背了美国的自由平等原则。

　　我是这么想的，一个拥有全世界最高平均智商的民族，一个有两千多年历史的生生不息的民族，它在最近几十年做了不太对的事情，也一定能校正自己，能找到一个智慧的办法和阿拉伯人平等相处。就像过去的两千年来，犹太人在全世界的每个地方和意大利人、德国人、中国人乃至每个民族和睦相处，就像他们今天在美国和所有民族和睦相处一样。一个伟大的民族，一定会有出路。

全球总人口才1400万，却有一百多人获诺贝尔奖！"上帝的选民"不是乱叫的。

他们根据我的遗愿设立了普利策新闻奖。

哥是文艺青年的祖师爷——海涅！

我这辈子画了很多画，和平鸽你肯定见过。

犹太人是世界上智商最高的民族之一，在科学、文学、传媒、艺术、电影、思想、经济学、商界等领域都涌现出许多犹太人天才与大师。

世界的钱在美国人口袋里，美国人的钱在我们口袋里。

犹太人非常有契约精神，这使他们成为全世界最会做生意的人。

犹太人的艺术细胞发达，音乐大师辈出，他们还几乎垄断了电影之都——好莱坞。

这是个颠沛流离、受尽苦难的民族，但它最近几十年在争取自己权利的同时也做了不太对的事情。

犹太人是我们人类的精华。一个伟大的民族，一定会有出路。

独眼（叶扬） 点评

第八期
历史上的犹太人
精英民族命运多舛
（下）

上一次说到在古代有一支犹太人来到了中国，未能像在世界其他各地的同胞那样坚持自己的信仰、种族传统的犹太人，慢慢便被当地同化了，最终变成了郑钧，变成了我老婆，等等，这也是汉民族比犹太民族厉害的地方。

汉民族曾经同化过无数的少数民族，西北的、西南的、东南的，突厥的、鲜卑的、犹太的，全都同化过。

犹太民族几千年来很少同化别的民族，所以到现在，汉民族有10多亿人，犹太民族还只有1000多万。当然了，1000多万犹太人为我们人类在各个领域都贡献了完全不成比例的巨大的贡献。

对中国，犹太民族也有过贡献。大家现在看到的上海，当年曾是远东最繁华的大都会，**外滩当时被称为"东方巴黎"，充满了高楼大厦以及各种洋气的东西，这跟逃离到中国来的犹太人有莫大的关系。**

19世纪的中国出现了各种新的思潮，改革风起云涌，社会动乱跌宕——动乱当然也孕育着机会。以民主、平等、自由自居的西方人带着枪炮和鸦片来了，犹太人也来了。犹太人反正没有祖国嘛，所以他

△ 这些"东方巴黎"式样的豪华建筑，主要是英国和法国的一些设计洋行做的。为上海设计了很多建筑的邬达克是匈牙利籍斯洛伐克犹太人，不过他逃来中国是因为俄国红白军的战争。二十世纪二十年代，像邬达克这样来自俄国的犹太人不少。真正"二战"时期被转移到上海来的2.5万犹太人生活的地方叫"北外滩"，他们停留的时间并不长。

第八期·历史上的犹太人 精英民族命运多舛（下） 独眼（叶扬）点评

们就四海为家，哪里有机会，哪里能冒险，他们就去哪里。犹太人在任何地方都几乎不做非法的事，因为他们本身就是一个被排挤的少数民族，要是再去犯罪，那就等于自绝于这个世界了，别人也就更有理由排斥，甚至灭绝他们。

犹太人不会种地，原因就是在上千年的欧洲历史里，犹太人一直是被排挤的"劣等民族"，祖祖辈辈都是不被允许拥有土地的。不能有土地，犹太人就没法种地了，所以种地这个事犹太人最不擅长。当然现在有了小小的以色列，他们的农业也世界领先了。可在那之前，他们没出现过农业学家，或者农场主，他们更擅长各种需要动脑子的事情，比如做生意。

到了中国也一样，他们最擅长的还是做生意，推销、开银行以及由银行"拖出来"的地产，等等。**当年的上海集中了大批来华冒险的犹太人，形成了犹太社区**，然后又形成了六个大规模的犹太家族，包括中国人耳熟能详的哈同家族、沙逊家族，他们掌握了上海大量的地产、银行等。大家看到外滩那条街上辉煌的建筑，大部分都是犹太人建的。实际上，犹太人对推动中

△ 最早来中国的沙逊家族，19世纪中期就来了，不过他们可不光做金融、地产生意，而是什么赚钱做什么，丝厂、鸦片行都做，还建立学校，也办报。论作用的话，应该是好坏参半，一半一半吧。

国资本主义的发展起了相当大的作用。

上海人后来很会做生意，包括上海的明星们，也许就是犹太人在上海扎根并培养了很多有生意头脑的人的结果。上海的娱乐明星、体育明星，都是娱乐界和体育界最能经营自己的，具体名字我就不说了，大家可以自己想一想。

这是犹太人给中国作的贡献，当然，中国人民也给过犹太人巨大的回报。"二战"期间，在纳粹疯狂地屠杀犹太人的时候，真正同情、救济犹太人的国家是很少的，**几乎只有中、美两大国**。美国当然是犹太人的天堂了，大批的犹太精英逃到了美国，并给美国带去了很多东西，比如原子弹。原子弹其实是犹太人在美国弄出来的，爱因斯坦当然没有直接去弄原子弹，但是他的理论是原子弹的基础。

除了爱因斯坦，还有很多逃到美国并为美国作出了巨大贡献的犹太人科学家，比如冯·卡门（Theodore von Kármán，20世纪最伟大的美国工程学家，被誉为"航空航天时代的科学奇才"）——钱学森的导师，他也是逃到了美国的犹太科学家。

△ 美国与犹太人有很深的渊源，在美国建国初期就有大量犹太移民从欧洲来到美国定居。中间有几次犹太移民高潮，都是他们在欧洲被排挤得很厉害的时期，这是美国犹太人总量比较大的历史原因。有很多人以为犹太人是在"二战"之后才开始大量移民美国的，其实不是。在"二战"开始之后，美国本来是拒绝接收犹太移民的，非常怕自己被拖下水。只是在正式宣布参战，为了强调参战正义性，美国开始把纳粹折磨、虐待犹太人的事实慢慢展露给美国人，激发了美国人的同情心。

第八期·历史上的犹太人　精英民族命运多舛（下）　独眼（叶扬）点评

△ 这一点是真可悲，整个欧洲从南到北，连斯堪的纳维亚人都参与了迫害犹太人。像在《龙纹身的女孩》里写到的家族里就有瑞典的纳粹分子，他们在战后没有受到太多的追查，人们的目光主要集中在德国和意大利的纳粹分子身上。欧洲当年社会整体弥漫着法西斯气息，甚至许多小国、弱国以为参与到种族清洗里就能让自己幸免于灭国，最后没有一个国家能是干净的。

中国人民和美国人民一样，对犹太人毫不歧视，张开双臂欢迎、庇护。其他的国家，尤其是欧洲国家就不是这样了，比如法国。法国被德国占领的时候，法国警察一方面恨德国人，时刻都有偷偷给德国人一枪的愿望，但是他又带领着德国人去抓犹太人，甚至他自己也去抓犹太人。欧洲各国原本就普遍存在着"排犹"的情绪，所以灭绝犹太人这事儿，**欧洲很多国家都做了帮凶**。

犹太人在中国受到了优待，在上海他们甚至有一个大社区，大批的犹太人艺术家、能工巧匠来到了中国——也不知道为什么科学家没跑到中国来，都跑美国去了？上海的第一个抽水马桶就是在犹太社区里诞生的。犹太人有各种能工巧匠，把他们的犹太社区建设得非常好，因为他们本来也没有祖国，于是每到一个地方，他们自己建设的犹太社区就成了他们的家园。钢琴家们可能在那儿做搬运工，小提琴家们可能在那儿做香肠，因为那时候中国不太需要这些音乐家。逃到中国来的大多是东欧和中欧的犹太人，他们擅长做香肠，菜也以香肠为主。所以每天晚上他们还能跑到香肠店，在店里唱起他们的歌，弹起他们的钢琴，生活远比他们那些在欧洲的同胞美好。

下面说一说好莱坞的犹太人。之前提到好莱坞的八大电影公司几乎都是犹太人创建的，为什么犹太人那么爱做电影？一个原因就是上千年来犹太人都没有土地，他们从来就不会干那些要依赖土地的营生。直到今天，他们依然拥有全世界最好的艺术传统。

塞林格是我最喜欢的美国作家，而且也是中国人民最熟悉的美国作家之一。他的一部代表作台湾译成"麦田捕手"，大陆译成"麦田守望者"，英文叫 The Catcher in the Rye。就是因为热爱塞林格以及这本《麦田里的守望者》，我跟宋柯在1995年创立的一家音乐公司就叫"麦田音乐"，它是后来中国最大的音乐公司"太和麦田"的前身。为什么叫麦田音乐？就是因为我希望做一个麦田里的守望者，能一直守望着音乐。

苏珊·桑塔格等很多伟大的作家，都是犹太人。犹太人再苦再穷、再怎么受尽压迫的时候，也都要有文艺，犹太人有大

△ 意第绪语根儿上还是来源于希伯来语和阿拉美语，仍然是中东地区的产物，加上了德语的一些语法和词汇、中欧国家斯拉夫语的一些词汇。但意第绪语的书写习惯和字母都不是德语和斯拉夫语的。美国也有正统的犹太人，他们认为在非宗教活动的情况下不该说希伯来语，尤其是现代希伯来语在他们看来不伦不类，而应该像牛津大学在仪式上用拉丁语那样，要在神圣的情境下才用希伯来语，日常只能用意第绪语。

△ 靠镍币影院发家的是21世纪福克斯公司的老板福克斯，他用1600美元开了第一个叫"尼克莱脱"的镍币影院，之后每赚1600美元就去开一个新影院。五年之后，他把1600美元变成了一年25万美元的收益。

量的文艺青年。他们很喜欢自己的文化，而且他们用剧院的方式来延续他们的文化。所以他们每到一个地方，先把自己的教堂建起来，然后就建他们的剧院，并在那里演出。犹太人有自己的一种语言叫**意第绪语**，就是他们到了中欧以后，把各种中欧语言混合起来形成的一种语言。到今天，美国西岸的犹太人讲的其实大多是意第绪语，而不是希伯来语。

电影出现了以后，犹太人敏锐地发现，它成本低——无非就是买个放映机，但它能吸引住很多的人。最开始就是这几个人——威廉·福克斯以及华纳兄弟的创始人，买一个放映机，到处放电影，于是就有了那种**5分钱的流动电影院**。可是，他们放着放着就发现，手里的电影不够，没什么东西可放了，于是就开始自己拍电影，最后大家就来到了洛杉矶。

为什么来洛杉矶？我自己虚构了一个解释：大家知道，现在拍电影有很大的灯，有各种先进的设备，电脑可以抠像，把背景换成蓝天，等等，可是当年拍电影，就是靠天吃饭，天阴了，下雨了，它没法拍了；云出来了，它戏接不上了。拍电影需要一个日照时间很长的地方，毕竟靠天吃饭嘛，所以大家都跑到洛杉矶，因为洛杉矶是一个每天都有蓝天白云的地方——白云都很少，全是大蓝天。

洛杉矶是一个很不忧伤的地方，所以后来美国的那些忧伤的电影、独立的电影、有思想的电影，都跑到纽约去了。纽约是个有阴天，有雪，有雨的地方。

洛杉矶每天都晴空万里的。本来我是一个多愁善感的人，大家看我现在写的歌都知道，但在洛杉矶待了很久以后，我都变得很阳光了。

犹太人在这儿建起了整个好莱坞。他们不光建起了好莱坞的电影工业，还带来了犹太人那种始终如一的信仰和思想。美国之所以还有纽约这么一个电影中心，就是因为好莱坞有它坚强的、传统的那些东西，它相信救世主，相信会有一个英雄来拯救世界，它信上帝。所以好莱坞电影也呈现了这种传统。

这些伟大的犹太导演、演员们，确实丰富并提高了好莱坞电影。我最喜欢的三个导演都是犹太人。首先是科恩兄弟，大导演，《老无所依》（*No Country for Old*

△ 为什么有了好莱坞？要从爱迪生说起。他拥有电影摄影机和放映机的发明专利，他的公司掌握了大部分电影技术相关的专利，还和柯达公司签订合同，要求柯达只能向持有执照的电影专利公司成员提供胶片。当时市场上明里暗里的胶片都是柯达出的。这一下就限制了没有执照的独立电影人的活动。爱迪生只给少量有势力的影片公司颁发许可证。就算成为了这个托拉斯里的一员，电影公司下属的制片商每洗印一英尺的拷贝须支付半分钱；发行商每年要缴 5000 美元执照费；一个放映商每星期要支付 5 美元。这么多钱都进了爱迪生的腰包，犹太人怎么可能接受？所以 1910 年后，有志于投身电影业的东欧犹太人跑到了好莱坞，这儿白天日照时间长，节省电费，天又暖和，离死气沉沉的东部远，还不用交专利费不用看清教徒脸色受爱迪生挤兑，就都跑来了。

Men，2007）、《大地惊雷》（*True Grit*，2010）、《冰血暴》（*Fargo*，1996），等等，张艺谋导演的《三枪拍案惊奇》就是把科恩兄弟的《血迷宫》（*Blood Simple*，1984）拿来改编的。

其次是伍迪·艾伦，他的电影里，犹太人的印迹是最重的，有明显的犹太知识分子的风格，就是对各种各样的事情都有讽刺。犹太知识分子大多比较左倾，伍迪·艾伦的电影里甚至讽刺各种聪明人，讽刺他们的"高智商"协会。还有就是斯皮尔伯格导演，他的很多电影我都十分喜欢，但是科恩兄弟的每一部电影我都喜欢，伍迪·艾伦的电影我也每一部都看过。

斯皮尔伯格当然是最成功的好莱坞大导演之一，他拍了很多的商业片，挣了很多钱，比如《侏罗纪公园》系列、《印第安纳琼斯》（又译《夺宝奇兵》）系列，等等。斯皮尔伯格给老板们挣了那么多钱，他便想为他自己的民族拍一部，老板们也是犹太人，就说没问题，你拍吧，你花多少钱我们没预算，也不用考虑票房。于是，他们没想着挣钱的《辛德勒的名单》（*Schindler's List*，1994）诞生了。

不过，最后《辛德勒的名单》还是挣了大钱，所以说犹太人太厉害了，咱不做生意，咱就拍一个电影纪念咱们的民族，结果还是挣了大钱。

当然，好莱坞还有很多犹太导演拍摄纪念犹太民族苦难历程的电影，比如大导演波兰斯基得过奥斯卡奖的著名的《钢琴师》(*The Pianist*，2002)，就是讲在纳粹集中营里的一个犹太钢琴师——犹太钢琴家太多了。

犹太人演员很多都个子很小，不像白人演员人高马大的，但是**他们的演技非常好**。我最喜欢的几个演员，比如达斯汀·霍夫曼，都是小个儿的犹太人，包括2011年得了奥斯卡影后的娜塔丽·波特曼，也是犹太人。这个娜塔丽·波特曼还是在哈佛大学毕业的，**有各种得奖的论文以及科学发明**，还会跳芭蕾舞，跳得很好，最后她就嫁给了她的芭蕾舞老师。

犹太人贡献了原子弹，贡献了登上月球的光荣，贡献了好莱坞电影，贡献了伟大的作家——海涅、卡夫卡都是犹太人。我们全人类都应该感谢犹太人，虽然他们也有很多毛病。

△ 最初好多犹太演员都演喜剧，导致不是犹太人的卓别林都被很多人当成犹太人。

△ 她在临床心理学方面确实有研究，不过倒还没听说有科学发明。高晓松怎么还是中国家长式的思维？说学习怎么好，上名校怎么好，得奖怎么好，最后，女孩子嘛，要以嫁给谁收尾，好像嫁了才是真的好。但对美国年轻人来说，波特曼的学习怎么好，怎么研究婴儿脑前叶和记忆的关系只能让她显得十分nerd。她另外一个方面的好是在公益事业上的。

第八期·历史上的犹太人　精英民族命运多舛（下）　独眼（叶扬）点评

139

△ 我觉得在性格方面犹太人和日本人有相似之处，尤其是作为中国人，一开始我会觉得他们很nice很公平也很理性。中国人混熟了之后，就松懈了，好像说什么都成，有点儿冒犯也问题不大，反倒亲热；但跟犹太人、日本人就松不下来，他们会很疑惑，你这是什么意思，你为什么这么做，商量事情也寸步不让，用咱们的话说就是斤斤计较剑拔弩张，<u>怎么都亲不起来。</u>

△ 从二十世纪二十年代华尔街里据说就有25%的犹太人，有意思的是，正因为他们中间有大量犹太人，在经济危机等好莱坞需要财力支援的时候，金融家给了电影界很多帮助。不过犹太人对自己人也挺精的，最初伸出援手的银行家吉安尼尼兄弟不是犹太人，而是意大利人，其他犹太银行家看到了电影业的前景，才继续跟进。

美国人一提起犹太人，还是有一点"你有钱我没辙"的态度。就像我们提起某些地方的人，大家也说"那我没办法，你有钱，但是其实我不太喜欢你的性格"。犹太人多年被迫害，**他们的性格确实有很多让你觉得难以忍受的地方**，但我自己是很能接受和理解的。包括我服务的第一家互联网公司的老板张朝阳就跟我说，这董事会里有俩犹太人，我疯了，我每天的工作就是跟犹太人斗争。可是没办法，因为犹太人创立了高盛，创立了雷曼兄弟，等等，**你也没办法躲开犹太人。**

犹太人确实有很多贪婪的性格，但是他们对自己人非常慷慨。犹太人平时恨不得一块钱都要跟你算账，吃饭点菜的时候都拿计算器把账单算好，但是以色列一出问题，他们马上就开支票。他们对自己人非常照顾，所以在好莱坞，犹太子弟们成长得非常快，尤其在管理层。

美国并不像我们想象的那样一切都公平，那些私营企业谈不上什么公平，它只要不违法、不种族歧视就可以。

我认识一个二十出头的长得很帅的犹太小伙子，开始还是个助理，几年没见他，人家已经是好莱坞排前几名的那种大型经纪公司的亚太区总裁，才三十岁不到。

我们确实没法比，**华人在好莱坞奋斗20年，顶多就奋斗到某家公司的 VP（Vice President），就是副总吧**——我老说，VP就是比小 P 还小的微型的 P。华人的奋斗是很艰难的，因为那不是你的地方。

吴宇森导演和李安导演是华人的骄傲，但是在他们之后，也没有源源不断地看到华人导演能够在好莱坞立足。当然，也有很多人并不依靠家族，他们有些甚至把自己的名字改掉，来证明自己。比如尼古拉斯·凯奇，他来自好莱坞著名的科波拉家族，后来他为了表明自己并不依靠家族，而是靠自己的奋斗，于是从尼古拉斯·科波拉改名叫尼古拉斯·凯奇。

总之，可能因为我是个文艺青年吧，虽然我能够看到犹太人不招美国人民喜欢的一些地方，但是我个人对犹太民族是充满了尊敬的，我感谢他们带给我们的一切，从哲学到科学，从文化到艺术，还有钱。

△ 犹太人在美国的奋斗从 19 世纪就开始了，这么看的话华人在美国的时间还短。天花板效应确实存在，但也会慢慢松动。

第八期·历史上的犹太人　精英民族命运多舛（下）　独眼（叶扬）点评

晓说 2

上海曾是远东最繁华的大都会，外滩当时被称为"东方巴黎"，充满了高楼大厦以及各种洋气的东西，这跟逃离到中国来的犹太人有莫大的关系。

欧洲各国本就普遍存在"排犹"情绪，"二战"时很多国家做了纳粹德国的帮凶。

在纳粹疯狂屠杀犹太人时，真正同情、救济犹太人的国家很少，几乎只有中美两国。

犹太人相信救世主，相信会有英雄来拯救世界。好莱坞电影也呈现了这种传统。

我最喜欢的三个导演：科恩兄弟、伍迪·艾伦、斯皮尔伯格都是犹太人。

第九期

大师荟萃八十年代
高晓松带你重返黄金时光

郝舫 点评

关于八十年代，我只能讲一些现象，因为我的很多思考还不成熟。我觉得需要再过 10 年或者 20 年，我才能把它看清楚。现在离那个年代还这么近，所以我只能说说我目前的一些感受。

关于八十年代，我首先想到了我在北京电影学院导演专业学习时候的一位老师——戴锦华教授。她原来是北大的教授，后来去了北京电影学院，再后来又离开电影学院回到北大，现在仍然在北大。戴教授热爱电影，主讲美学，是我非常热爱和尊敬的一位教授，一位女性知识分子。有一次在戴教授的课上，我记得非常清楚，她讲到**八十年代是最后的大师年代**，当时就泪洒课堂，失声痛哭。她讲到她热爱的八十年代的那些电影和那些大师，给我留下了极深的印象。一直到今天，我也主观地认为八十年代是黄金年代。

我正好是在八十年代成长起来的，我的青春就是在八十年代末九十年代初。但有的时候我也会感到迷惑：八十年代到底是客观上的、真正的黄金年代，还是由于我们对自己的青春怀有极大的眷恋，才会在主观上认为它是最美好的年代呢？这个

△ 八十年代被众人怀念，也可能是因为自己的灿烂，因为别的那些大师辈出的年代，也未见得就被如此待见。从八十年代过来的人，尤其是那个年代在校园度过的人，都记得并怀念每天身上荡漾的莫名激动。

147

问题我一直也没有想清楚，或许也想不清楚，所以最后只好主观地觉得，我认为——包括戴教授以及我周围的很多朋友都认为，八十年代是最后的大师年代，最后的灿烂年代。

从大的方面来看，我个人觉得八十年代是各个国家、各个民族最后的昂扬向上的年代，从那之后其实一直都在走下坡路。各个国家人民的那种士气和向前冲的那种劲头都在下降、消沉，现在都快跌到了谷底，缺乏大师的激励，加上连续的金融危机，就像海面上没有了灯塔，令大家感到迷茫。

今天的中美两国，都再也没有八十年代那种高昂的士气了。为什么呢？美国人民曾经坚信自己的国家、政治制度和自由民主平等的精神是世界上最好的，由此他们坚信自己的政府，坚信自己的议会，坚信自己的军队。但是到了六十年代末乃至七十年代的时候，美国陷入了立国以来最大的危机——越南战争中。越战的失利导致美国国内爆发了有史以来最大的抗议浪潮。曾经那么热爱军队的美国人居然开始烧兵役证，拒绝服役，连退役的老兵也受

△ 昂扬的士气，倒是个挺新鲜的说法。这样的士气，其实基础很简单，就是有没有未来。对未来有憧憬的时候，有校园民谣，No future，就会出朋克。

到了侮辱，这在美国历史上是从来没有过的。

那个时代的很多美国电影也可以称得上是大师年代的电影，比如《生于七月四日》《猎鹿人》《现代启示录》，从中都可以看到当时美国社会那种非常失落的情绪——军人受到侮辱，退役的人得不到光荣，政府受到强烈的质疑，摇滚音乐空前发展。当时有一种汽车，就是那种圆头的德国大众的 bus，在美国最为畅销，在那个时候成了革命的象征。电影《阿甘正传》里演到革命那一段的时候，阿甘的女朋友要跟一个摇滚乐手走，阿甘特别傻地问："你真的要跟他走吗？"当时旁边停的就是这样一辆圆头的德国大众的 bus。《阿甘正传》里对每一个历史阶段的细节，都表现得特别到位和典型。

我导演的电影《大武生》的美国制片人，现在五十七八岁，当时还是学生，他开着一辆大众牌的车，载着他的同学从美国西岸一路开到了华盛顿，去参加百万学生大游行。那是 1969 年，**由鲍勃·迪伦（Bob Dylan）发起**，在伍德斯多克（Woodstock）的荒野里上演了一场大型摇滚演出，40 万

△ 迪伦是伍德斯托克的居民，也是音乐节的推手之一，不过他最后没能参加演出，因为那之前他已经签下了月底在英国的另一个音乐节，选择了坐船去，结果儿子在船上还被舱门夹了，只能上岸该改坐飞机，各种悲催。

学生脱光了在伍德斯多克的泥地里翻滚，然后爆发了大规模的性解放运动。

那个时候的口号就叫"要做爱，不要作战"，而各种大师在这方面率先作出了示范。伟大的约翰·列侬——披头士乐队的灵魂人物，脱光了衣服和他的艺术家老婆洋子在床上接受采访。从二十世纪六十年代开始，美国进入到了空前的革命和失落中，因为革命之后很少能带来变革的，大部分革命带来的都是失落感。因此，美国在二十世纪七十年代陷入了严重的信仰危机，人民不信任国家和政府，甚至不信任这个国家赖以生存的价值观。而在同一时期的中国大陆，大家都知道在七十年代发生了什么——"文化大革命"，而台湾的七十年代也是戒严时期。所以整个七十年代，世界范围内都处在一种动荡的革命和变革中，并陷在这种变革带来的失落和无力感里面。

当八十年代如一股春风吹来的时候，马上诞生了一批大师，这也通常发生在大规模的革命或者战争之后。首先是政治上，美国出了个里根总统，开始重塑美国人的信仰，重塑人民对国家的信任。他是一个

△ 八十年代的转向，虽然让六十年代的造反青年奔赴华尔街，但里根和新保守主义的崛起，确实让美国人重新感受到已故昂扬之气，"反动"但充满生机。

非常有主义的总统，可以称得上是政治大师，直到今天，里根主义还在影响着美国。

在八十年代，政治上除了美国的里根之外，还出现了很多杰出的政治家。中国有邓小平，他也是很有主义的，他的"改革开放"也一直在影响中国；中国台湾那边是蒋经国，在他的推动下，八十年代的台湾进入了解冻时期——解除报禁、党禁，这些一直影响着台湾直到今天；欧洲有英国的撒切尔夫人，她也很有主义，欧共体就是从那时候开始的，一些政治家开始谋划将欧洲联合起来，后来一直发展成为欧盟影响到今天。总之，政治大师在八十年代的各国涌现，大师们成堆地来，又成堆地走，来的时候就一拨一块儿来，走的时候就一个也不剩，这个规律也很有意思。

在艺术领域，八十年代在好莱坞，大批艺术家进入了巅峰状态。四十年代曾经是好莱坞的一个巅峰，四十年代之后的八十年代，也出现了大批在今天看来依然是优秀的，甚至是伟大的、能写入电影史的电影。它们其实违背了好莱坞长期以来坚持的那种一定要是商业片、要能赚钱的传统，比如《克莱默夫妇》《金色池塘》《现代启示录》《猎鹿人》，等等。当然这个时期也出现了更多的商业片，比如《第一滴血》。文学领域也出现了一大批大师，文艺在这个时期非常灿烂。

八十年代的中国也出现了一批大师，所以我们成长于那个年代是非常幸福的。电影方面，八十年代是第五代导演群光乍现的时代。我一直觉得，在中国电影界，只有第五代的一些导演能称得上大师，后来的导演最多只能说是优秀的导演、天才导演。当然，这主要还是因为在剧烈的社会变革之后，通常会涌现出一批大师。

中国的变革就是"文革"，美国是六七十年代的反越战浪潮，法国则是"五月风暴"。在中国台湾，经过多年的戒严时期，八十年代也涌现出了侯孝贤、杨德昌、罗大佑等一批在解冻时期单枪匹马和社会现存秩序进行战斗的艺术大师。所以说我们在八十年代度过了我们的青春，这是非常幸福的。看着那么多欧美大师、华语大师的电影，听着我们的崔健、罗大佑，今天的年轻人真的没有我们那时候那么幸福。我们每年能听到那么多大师层出不穷的伟大唱片，还能看到世界上迄今最大规模的演出——Live Aid。Live Aid 最初由一个名气不是很大的英国乐队的主唱发起，是为了援助发生了灾难性饥荒的非洲，当时几乎全体欧美流行音乐界人士都参与到了这一慈善义演中。

在欧美音乐界之外，当时的香港乐坛也是伟大的。我到今天都还记得，当时自己攒了好几个月的零花钱，买了一张谭咏麟《爱的根源》的唱片，里面有《爱在深秋》等经典歌曲。那也是粤语歌曲伟大的光辉年代。那时的小说界更是大师辈出，王朔每出一本书都洛阳纸贵，而苏童、余华、莫言、张贤亮等这些人，我们回过头来看，都应该当之无愧被称作伟大的作家。

那个年代整个中国都处在一种文化上的解冻时期，不光是台湾，大陆那时候也是刚刚改革开放，西方的新东西刚开始传进来。当时我们实在是太兴奋了，每天都有一些新东西刺激着我们，我们等来一本王朔的小说，又等来一本余华的小说，再等来一部张艺谋的电影。那个时候大家都在等唱片、等电影、等小说，**但是更新鲜的是等来一些我们之前毫不了解的西方的人**，比如迈克尔·杰克逊。

△ 一个"等"字，道出了八十年代文化饥渴中的众生百态。现在倒是什么都不用等了，全麻木了。

现在的人可能无法理解当时我们的那种心情——在我们还穿着的确良裤子，穿着棉鞋，家里只有黑白电视的时候，突然看到了迈克尔·杰克逊，当时我们真的疯掉了！我们就这样还看到了麦当娜，看到了 U2，看到了 Guns N' Roses（枪炮与玫瑰）乐队。

我还记得北京最早有外国唱片卖的地方是农展馆的国际音像展销会，当时大家都觉得肯定没什么人买——谁都知道外国东西不便宜。但是大家都很想听这些唱片，就总能找到很多其他途径获得这些资源。像我爸妈都在国外，而我爸是一个很抠门的人，他在美国有一个绰号叫 "One dollar Gao"（1 美元高），因为 1 美元以上的东西他都不买。我记得他录了一盘 90 还是 180 分钟长的磁带，反正就是最长又最便宜的那种，**录了很多他自己喜欢的歌**，而且录得特密集。那些歌我到现在都会唱，因为当时每天就听那盘磁带，觉得人家唱得太好了。而我妈更抠，她录了自己弹着琴唱的外国歌儿给我寄回来，把我们家变成了一个听外国歌儿、看外国节目的聚集地。有一次我爸从美国给我寄回来一盘美国的

△ 记得有一老外写了一本书就叫 Love is a mix tape，自制歌曲精选磁带是那会儿人人都热衷的事，现在想来，那才是真正的个人定制，所有的品味、鉴赏力和手艺都有了施展的机会。

选美录像，当时我家被挤得简直一塌糊涂。那时候谁也没见过选美，大家看到姑娘们穿着比基尼在台上走，所有小伙子全都疯掉了，每个人都拿着个枕头，放在身子下面捂着。

美国的选美还要表现爱国主义，最后的两个环节，一个是一名歌手高唱一首爱国歌曲，每个参加选美的小姐穿着礼服跟他走两圈；还有一个环节是主持人问选手们问题——当你代表美国去参加世界小姐选美的时候，你要怎么告诉他们，你是一个光荣的美国人？这时每一个选美小姐都会说，我要告诉他们，美国是一块自由的土地。

其实我上面所说的八十年代是一个笼统的概念，我认为的八十年代是从八十年代中到九十年代初的这段时间，所以我提到的那些伟大的电影，像《阿甘正传》和《肖申克的救赎》，它们竟然在同一年（1995年）争夺奥斯卡奖，那是一个多么伟大的年代！还有《克莱默夫妇》和《现代启示录》，它们也是在同一年（1980年）竞争奥斯卡奖，而今天的电影界早已不复当时的辉煌。

△ 有面对面接触的同好似乎更让人产生共融感，可能是因为那个年代热爱摇滚的人在绝对数量上都还是一小撮。那时候一帮人聚一起聊音乐电影文学就是日常生活，现在只有开策划会才这样了。

八十年代诞生了那么多好电影、好小说、好唱片，给我带来的影响就是——钱永远不够用。我记得第一次去农展馆，大家都在排队，把收款员都看傻了，说怎么这么多人来买外国的原版录像带、卡带。我们几个人排着大长队，都在嚷："我要买 Bon Jovi。"售货员就说："什么邦乔邦乔，干什么的啊？"我们就指着一盘卡带说："Bon Jovi，就是那个，我们要买那个！"到现在我都还记得那个卡带有着青铜色一样的封面。那时候大家排着队，互相搭讪着聊天儿，"你也喜欢 Bon Jovi？""你也喜欢？！"**大家都觉得特幸福。**

我记得最厉害的一件事是，我们家有几盘录像带，由于放了无数次，最后都变成黑白的，给放成雪花了。其中一盘就是美国小姐选美那个，当然还有别的录像带，我就不敢说了，因为那时候那是违法的呀！但是每一个年轻人都会想要看，大家都激动死了。那个时候没有互联网，没地方下载，不像现在每个男生的电脑硬盘里都有一个文件夹，还会起一个很奇怪的文件名，MP6 之类的。我们那时候只有录像带可以看，听说谁家有一盘录像带，扛着录像机就去了，夜里就在那儿转录。

在 1985 年，**名为"拯救生命"的大型摇滚乐演唱会 Live Aid 在伦敦跟费城两地同时开演**，伦敦时间比费城时间早几个小时，整个演出等于从下午开始，一直演到晚上。我那儿有一盘录像带，是我爸寄给我的，就是费城的那一场，今天再看还会激动得泪流满面。有一天我跟老狼重看过一次，当时眼泪都流下来了，都说要是今天再做这么一场演出，哪里会有那么多大师同台？而且美国是资本主义社会，不是同一个唱片公司的歌星从来不会在一起演出，因为他们都有自己的巡演。但是那一次，那么多大腕为了同一个目的聚在了一起。

当时有人想在北京也演一场，由崔健领衔，但是最后没演成。当然后来我们也组织了一个百名歌手的演出，名字叫"让世界充满爱"，台湾也演了，他们叫"明天会更好"，当时这几个演出在全球掀起了一股热潮。那个时候的音乐圈还很纯洁，大家就单纯地为了一个理想——为非洲饥荒的灾民筹款——去做一件事。费城的那场演出，如果大家今天能在网上找到的话，

△ 回头看 Live Aid，淳朴、土气、单纯，所以还会被打动。Bob Geldof 说这场演唱会是对人类的救赎，大家都坚信不疑，因为至少在那个年代，我们根本无法想象，连慈善这两个字，也会被后来人那样亵渎。

一定要下载来看看。那里面的大师太多了，能有机会独唱的都已经是大师中的大师了，毕竟演出的时间有限，没办法让每个人都独唱，就两两一块儿上。

我到今天都记得，斯汀和菲尔·科林斯是一起上台的，菲尔·科林斯打鼓，斯汀弹贝斯，然后两个人一起唱 *Every Breath You Take*。滚石主唱米克贾格尔和蒂娜特纳一起上台，俩大师一起唱着唱着，贾格尔还突然把蒂娜特纳的裙子扯掉了，全场都特别激动。大家都知道那时候 U2 的地位有多高，U2 能独唱。但是博诺·沃克斯（U2 乐队的主唱）可能觉得就唱一首歌，时间太短了，就从台上跳下去了，他们的吉他手也是世界级的数一数二的大师，就一直站在台上弹吉他，然后博诺·沃克斯拉起一个女歌迷就开始跳舞，全场疯掉。那也是麦当娜最如日中天的时候，到今天我都记得，好像整场演出里，没其他人能唱超过三首歌，只有麦当娜唱了三首：*Love Makes The World Go Round*、*Holiday*、*Into the groove*。那时感觉麦当娜真是年轻，活力四射。哇！这个女歌手太厉害了。

我还记得那场演出快到晚上要开灯的

△ 说别人我记不住了，我记得特清楚的是大卫·鲍伊，他唱了四首歌，肯定有 *TVC 15* 和伟大的 *Heroes*，因为他是我的摇滚领路人，这两首歌我又如此熟悉。当然，也因为那时候很少看见镜头里有女孩只穿胸罩在大庭广众之下欢呼。

时候，大家就开始等。国外的那种演出，包括今天中国的音乐节，也都把国外这套好的东西搬过来了。就是说，黄昏开灯时上台的这个是一个"大 high 腕儿"。很多演员在下午就逐渐退了，大家就开始等，等到黄昏一开灯，谁坐在舞台上，谁就是那晚的"大 high 腕儿"，谁就是撑这个场子的。

我记得那晚一开灯，舞台上是一架白色的钢琴——虽然我看那盘录像带到现在已经有 20 多年了，我脑海里还能清晰地回忆起那幅画面——保罗·麦卡特尼坐在那儿，唱了一首 *Let it be*。哇！大家当时特别激动那一晚最隆重的时刻，就是保罗·麦卡特尼在那儿唱 *Let it be*，而 2012 年伦敦奥运会，又是保罗·麦卡特尼压轴唱的 *Hey Jude*，可见披头士在全世界人民心目中的地位。其实这两首歌是一块儿写的，是约翰·列侬和保罗·麦卡特尼一起去看约翰·列侬的儿子，两个人一起看，很悲伤，出来以后，保罗写了这两首歌，正好这两首歌表达的态度还不太一样：*Hey Jude* 是回忆那个时候那些美好的事，是一种劝慰；*Let it be* 就是让它去吧，是一种洒脱。那

Let it be!
Hey Jude.

△ 在大合唱之前，是满脸汗水的鲍勃·迪伦，把我们那会儿都会唱的《答案在风中飘扬》唱成了一首我们都不会唱的歌。

个时候的他们简直就是才华横溢。

演出的最后，**全体一起合唱迈克尔·杰克逊和莱昂内尔·里奇合写的** *We are the world*。今天再听当年 *We are the world* 的录音，依然能清楚地听到每一位大师、每一位大唱将独特的风格，每一个人都那么伟大！

如果在今天，说"咱们再来一次吧"，说实在的，我们再也无法回到那个时候了，再也看不到那么多大师在一起演出了。今天的那些歌手，最多也只能叫作大明星，很难再说他们给流行音乐做出了什么推动性的贡献。只有那时候——八十年代，才是大师的时代。

那时候成长起来的一大批好演员今天都还在演戏。今天好莱坞伟大的演员罗伯特·德尼罗就是在那时候出演了《出租车司机》，那一代大师今天都还在这儿站着。现在全世界演出收入最高的还是滚石，可见年轻一代全都变成小众了。就算 Radiohead（电台司令乐队）再好，Cold Play（酷玩乐队）再好，他们再也不能回到当年那个辉煌的时代了。就像周杰伦，今天大家觉得他很好，但是他跟当时单枪匹马、用音乐唤醒台湾的罗大佑，或者说跟一嗓子唤醒了千百万人的崔健还是不能比。那个时候的一大批歌手、音乐人，是对整个社会、对人民、对时代、对国家作出了巨大贡献的艺术家，这是现在的娱乐明星不能企及的。美国今天的 Lady Gaga，能跟 U2 比吗？能跟迈克尔·杰克逊比吗？**都是不能比的。**

所以我觉得我们是最幸福的一代人，我们正好成长在八十年代。在我十几岁、二十岁正在形成自己世界观的时候，海面上全是灯塔，海面全部被照亮。为什么人家管我们这一代人叫"有理想的一代人"？不是因为我们自己的基因里有什么理想，而是因为我们成长在一批理想主义大师光芒的照耀下，我们的海面都被灯塔照亮了，我们清楚地知道自己要去哪儿，即使后来灯塔都熄灭了，海上一片漆黑，我们也基本知道要朝哪个方向去。后来虽然可能在路上沾染了很多灰尘、泥土，也会被商业所左右，但是大方向不会错。所以你看看那个年代成长起来的人，不管他们今天是商业巨头也好，还是成为其他的什么也好，**他们自己心里还是有理想的。**

△ 互联网时代的喜剧和悲剧，就是业余水平的专业式崛起，草根在欢呼自己成为主角的同时，也丧失了膜拜大师的乐趣。

△ 这是当时看这一集晓说时最触动我的一段话，从前有人说，每当谈论自己那一带时，大家都开始自得或自怜。但事实上，成长（不是出生）、尤其是心智成长于八十年代的人，心中的确有从未崩坏的部分。

所以讲到八十年代，就要向这些大师致敬，是他们重新塑造了这个世界。这个世界在上个世纪最主要的一些事情很多都发生在八十年代，比如苏联的解体，东欧的演变，冷战的结束。

在八十年代之前的那个时代叫冷战时代，年轻一代可能不了解那个时代。那时候全世界人民每天都准备打着雨伞顶原子弹，冷战中的双方都有上万颗原子弹对准对方，随时随地一个按钮摁下去，地球就会毁灭。八十年代冷战终于结束了，大师们唤醒了在六七十年代已经被摧毁的各个国家的那些精神，重新拾回了信仰。但是那些大师没有想到，重新拾回的信仰和重新建立起来的理想，在短短的二十多年之后，在各个国家重又沦丧得一塌糊涂，包括美国。

今天的美国暮气沉沉，在街上很少看到有人欢笑，甚至有很多美国人跟我讲："我羡慕你们（中国人）。"为什么呢？因为他们觉得希望比自由更珍贵。他们只是觉得，我们中国人每个人都怀着有一个更大的房子、有一辆更好的车的那种希望，在美国已经很少有人有了，美国人担心的

△ 美国人对八十年代也一样在反思，因为正是八十年代登峰造极的华尔街价值观和生活方式，才导致金融危机的孕育与爆发，占领华尔街之类，无非是极端形式的表达。所谓崛起的大国，没准也需要在类似的反思中贡献出新的大师吧。

是会不会失业，想着要把还没还完贷款的房子保住。

　　失落来得如此之快，这是没有人能想到的。可能也是由于八十年代的光芒太耀眼，所以它的熄灭来得这么迅速。但是我坚信还会有大师的年代，还会有一批大师站出来，重新拾起信仰、理想——所有这些美好的词，将一扫诸如"就为了买个房活一生"之类平庸的价值观，让人类再度向前走。

晓
说
2

忍不住突然
出现的漫画
作者辣椒

辣椒忍不住要吐槽：为什么你会那么怀念八十年代？因为那是你的青春，其实每一代都有自己的记忆。

从精神产品极度匮乏的七十年代到开放的八十年代，肯定会觉得无比幸福，后来不会再有这样的感觉。

看着美国的比基尼泳装秀都要用枕头捂着下半身的少年们，该是有多饥渴……

没想到你也喜欢他！

当年知己难寻，所以会为排队买偶像卡带遇知音倍感幸福，现在有豆瓣有微博，同类很容易遇到。

不过八十年代的大师还是要致敬的，是他们引领和重塑了这个世界。

第九期·大师荟萃八十年代 高晓松带你重返黄金时光 变态辣椒漫画

破破的桥 点评

第十期
两极分化的黑人世界

黑人这个话题在美国是极为重大的，几乎所有关于美国正面的、负面的信息，都是跟黑人有关的。你能看到这个国家现在的光荣，就是黑人当了总统，有很多黑人明星，黑人和白人地位平等，但是在这个国家，黑人的犯罪率也是极高的，你看到美国街头的那些流浪的人也大多是黑人。所以说，**黑人是一个非常复杂的话题**。

在美国的华人有一句特别无耻的话，说出来也不怕丢人，就是"在美国我最讨厌两种人，一种是种族歧视者，一种是黑人"，意思是既讨厌别人的种族歧视，可是自个儿还歧视黑人。美国人普遍存在这种矛盾，他们看到无家可归的黑人，一般都躲着。我自己就被黑人抢走过一个 N95 手机——当时 N95 还特别牛，是美国人都没怎么见过的一个大牛手机。当时我被一个黑人开车跟踪，幸亏我警觉，离我们家还有一段距离的时候，我就停下来了。那时候是夜里，挺晚了，那黑人就拿枪对着我。其实我如果给 50 块钱就没事儿，黑人一般就要 50，可是那天我也不知道怎么那么倒霉，钱包就装了 20 块钱。我就拿出 20 块钱，黑人兄弟很生气，拿着枪说，你想

△ 黑人是非常独特的一个群体。它是美国很多社会问题的源头，占人口比例不高的黑人，制造了绝大多数暴力犯罪，吃掉了远比其人口比例高的社会保障。在目前，欧洲的一些国家，同样也受到黑人问题的困扰，尤其以法国为甚，英国近期的骚乱其主力也是黑人。但在另一方面，黑人又深深地影响了美国文化，无论是在各类运动，篮球、棒球、橄榄球；各种音乐，摇滚、流行乐、说唱；各种艺术，电影、涂鸦；都有着独特而不可替代的贡献。

△ 很多中国留学生在美国都有被黑人讹诈和抢劫的经历。传言王小波的弟弟即在底特律被黑人枪杀。黑人区是犯罪率相当高的地方，美国的黑人有所成就，即会搬出黑人区，以免后代受其氛围影响。美国城市往往有条著名的街道叫马丁路德金道，以纪念黑人民权运动领袖。但是一旦街名改成马丁路德金，这条街所有房产价格都会暴跌，住宅无人买，商场无人进，所以政府对街道改名马丁路德金大道之前，当地住户便往往会上街抗议，或者想方设法更改地址。有个商家甚至匀出一块地造了一个广场，就为了把自己的地址名改成××广场，而非马丁路德金大道××号。黑人犯罪的原因并不仅仅是贫穷，而是文化性的，很多比黑人更穷的族群，如墨西哥人，自食其力者多，并没有如此之多的暴力犯罪。

想。后来我想想，身上没钱了，只有 N95 手机。我眼疾手快地就把那个手机拿出来，打开手机后盖，拔出电池，把电话卡拿出来，然后又把电池和手机盖装上，交给了那黑人兄弟。我不知道那时候我动作怎么那么利索，其实我在清华大学读无线电系的时候，装收音机是我们全系装得最慢的，人家收音机都响了，都吃饭去了，就我还在那儿焊个半天，还是没响，最后只能拿嘴模仿收音机说，中央人民广播电台，现在开始广播。

这是你看到的一种黑人。

我见过科比，见到科比的时候我浑身激动，就是那种不但没有一丝一毫的恐惧，而且简直就像是见到了神一样。我还跟他合了一个影，因为当时我是新浪驻美国的文化交流代表，新浪游说科比开博客的时候，我们还搞了一个仪式，跟科比签约，等等，在仪式上我就觉得，他简直是神啊！我还见过乔丹，见过泰格·伍兹，见过威尔·史密斯，就跟疯了似的。如果有一天我见到迈克尔·杰克逊，那我就不是疯了，肯定就直接晕过去了，因为我太爱迈克尔·杰克逊了。

他去世以后，我已经尽我的力，把英国的一个纪念他的演出引进中国演了 10 场，我还想明年把太阳马戏团纪念迈克尔·杰克逊"不朽"巡演引进中国。不光是我啊，所有美国的白人也一样，见到乔丹、科比、威尔·史密斯，那简直就是五体投地，**可是见到街上的黑人都躲着。**

黑人这个话题很难说，但是我还是要说，因为它是美国最重要的标志，尤其是奥巴马当选总统以后。奥巴马当选总统那天，我在我们家和一个日裔美国人一起工作。他是 10 岁去的美国，然后在美国读书、工作，他投了奥巴马的票。当时我们俩在工作室里画我的电影《大武生》的分镜头，突然就传来了奥巴马当选总统的消息。他哭了，真的，激动地哭了，抱着我说："我爱这个国家，我爱美国。"因为他是日裔，我是华裔，我们俩都是少数民族，现在少数民族的人当选总统了，这在美国简直是开天辟地的、划时代的进步。因为美国虽然一直在追求平等、自由，但是其实并不平等。换句话说，如果都已经平等、自由了，它就不追求这个了，就因为始终都有不平等，所以才有那么多人前仆后继地去为了

△ 黑人受文化圈影响很重，有些 NBA 的黑人球星，从穷人区靠努力打出身价，工资很高，但会有上百个"朋友"来分他的工资，退役后很快破产。但强的黑人很强，在美国，如果黑人做到老板、管理人员、技术人员、教授，那绝对不可轻视。

平等而奋斗。

美国的不平等其实一直都存在，美国对黑人的歧视直到二十世纪六十年代才实质性地从法律上解除。所以你看，"一战"、"二战"的前线全是白人，军舰上是白人，飞行员也全是白人，黑人只能在底下烧锅炉、运油；六十年代以后，黑人才能跟白人一起上学，到了越战的时候，黑人才能去当兵，去前线打仗；到了七十年代，美国才解除了某些州对 red necks 的歧视——就是"红脖子"，一种来自南部底层的白人。美国的北卡州、弗吉尼亚州等几个州，对这种白人的歧视其实比黑人还严重。那个时候，种族歧视的白人认为，黑人一眼就能看出来，只会歧视他们，又不会歧视我，他跟我也不是一种人，而红脖子白人就不一样了，你跟我都是白人，但是你丢我们的脸，所以我们要歧视你。red necks 在北卡这几个州，如果智商测试不达标，就要绝育。就是这样残酷的绝育法案，这样残酷的歧视，在这几个州一直到1974年才废除。

美国的不平等和种族歧视是长久以来就存在的，也是因为种族太多，不像单一民族的国家。美国是那么多种族在一起，白人还分成了英裔、爱裔、德裔、意裔，red necks 就是那种最倒霉的破地方来的白人。

法国也一样有歧视。虽然长得一模一样，但是你如果是在非洲的法国殖民地出生的，就会管你叫"黑脚"——你虽然皮肤是白的，但是你的脚是黑的，因为你是在非洲出生长大的白人。

美国这些歧视的法案直到 1974 年才废除，所以美国从法律上确立人人平等其实也没多少年。奥巴马当选总统是众望所归的，美国第一次出现了两党之间没了分歧。那天我跟那位日裔的朋友就不继续工作了，我们两个停下来看报道，特别激动。我看到共和党的一帮大佬都哭了，含着眼泪祝贺奥巴马当选。

共和党布什政府有两任国务卿都是黑人，一个是鲍威尔，一个是赖斯。鲍威尔是参谋长联席会议主席，其实是奥巴马的对手，也是民主党的对手，可是他却热烈祝贺奥巴马当选。他说从我祖先来到这个国家，我们奋斗了这么多年，我们终于等到了这一天，那感觉几乎就跟"中国人民从

△ 法律上的解除是相对容易的，虽然也经历了很多痛苦的斗争，但心中的歧视是只能靠时间慢慢融化的。经历四十多年后，不同种族的小孩，在一起上学、玩耍、生活、通婚，自然种族的歧视也就弱化和消失了。

△ 这些谨慎是主流社会的，大的媒体、公司、政府机构、学校，很谨慎，但小的媒体就不是这样了。我刚到美国时，宾州的一个小电视台就播电视节目，讲一个白人为了给自己被杀的朋友报仇，团结当地的各色人种，在黑人区和犯罪团伙（当然成员个个都是黑人）作斗争的故事，最后故事在双方的机枪扫射中结束。

△ 威斯康辛大学招生时为了显示自己不"歧视"，还把一个黑人球迷PS进白人球迷的队伍里。结果被揭穿后反而被大家骂死。这类为了政治正确而"用力过猛"的事情时常出现，很多情况下中国人比较难于理解。

此站起来了"差不多。赖斯——另一任国务卿——也是哭着发表演讲，祝贺奥巴马。

其实，美国对黑人的态度我个人都觉得稍微有点矫枉过正了，矫枉过正到黑人做得不对的地方都不敢说了。因为这个问题特别敏感，你稍微一说，可能就会被质疑是种族歧视，大家明明可以说的也不说了，不敢说了，都有点噤若寒蝉。

在全世界任何一个地方，政治正确都是很重要的。在有些独裁国家，政治不正确，你就会有牢狱之灾；在美国，政治不正确，虽然不会有牢狱之灾，但是你可能会被"炒鱿鱼"。老板认为你有种族歧视或者听见你发表了涉嫌种族歧视的言论，立刻就解雇了你，所以大家也都很谨慎。**谨慎到什么程度呢**？美国无论什么谈话节目，一定既有白人也有黑人，不可能连续几个采访都是白人，**一定要有黑人发言**。所以，迪斯尼花车大巡游上那个白雪公主也经常被换成黑人扮演。

黑人的地位空前地提高，当然是一件好事，是一件大好事。体育跟娱乐是美国人最看重的东西，黑人在这方面本来地位就很高。我们每个礼拜一上班，来了先开例会，本来大家一到周一就很痛苦，来了还要开例会，还要这个那个。美国人民就不像我们，礼拜一来了，因为礼拜一很痛苦，所以他们歌里头唱"Monday is my shadow，my shadow is in my heart"，星期一对我来说是个大阴影，需要上班；星期一早晨先聊聊天，叫"Monday morning cooler talk"。员工先聊聊，别干什么正经事，开例会什么的下午再说；不是聊周末的什么棒球赛、篮球赛，就是聊周末首映的电影，或者聊去听的什么音乐会，反正全是体育跟娱乐。欧洲人、亚洲人很关心政治，于是大家就爱聊政治；法国人呢，就聊聊艺术文化什么的；美国人就聊体育和娱乐。体育是美国人民的第一大需求和第一大热爱，那些体育明星都是美国人民心中最大的明星，大量都是黑人。在美国社会调查的知名度排名里，美国总统一直在十名之外，因为很多人不关心谁当总统，反正谁当总统美国不都这样嘛，不都自由民主嘛，但是他们关心谁是球星谁是歌星。

其中有一个著名的真事，不是段子。"二战"的时候，150万美军在诺曼底登陆，横扫欧洲，德国最后想不出办法来了，

△ 这类种族的段子很多，有个类似的段子谈到，美国培养了一个顶尖的间谍，学习了俄国的各种知识和方言，成为了一个地道的俄罗斯人。美国派他去打入克格勃内部。结果刚到俄国，他找了家酒馆喝酒，店主赞叹说：你虽然不是俄国人，但暴饮的样子很像。特工大吃一惊，我有破绽？于是他拿起三角琴开始唱歌，忧伤的歌声让酒馆里的人如醉如痴，店主说：你虽然不是俄国人，但唱的比俄国人还好。他不服气，跳起了哥萨克舞，舞姿征服了酒馆里所有的女人，但店主还是摇头说：你虽然不是俄国人，不过跳得像个俄罗斯的神灵。于是那个特工崩溃认输了，问店主是怎么发现他不是俄国人的。店主说：我们俄罗斯没有黑人。

于是就弄了一大批英文说得好并且接受过美国历史和地理培训的自己人，穿着美军军装——反正德国人跟美国人长得也差不多，就这么混入了美军队伍里。你想啊，美军150万人本来就挺混乱的，这些混进去的德军奸细一会儿在这儿把这个师的给养标签一换，送到另外一个师去了，结果那个师有两份饭，这个师没饭吃；一会儿刺杀个将军、埋个地雷什么的，专搞些乱七八糟的破坏。

美军为了抓出这些奸细，就决定喊"自然性口令"。第一天晚上问的问题是"伊利诺伊州的首府是哪儿"，这一问就抓了好几万美军，因为**大量的美国人都认为芝加哥是伊利诺伊州的首府**。就像洛杉矶是加州的第一大城市，旧金山是加州的第二大城市，但是加州的首府既不是洛杉矶也不是旧金山，而是一个小城，叫萨克拉门托（Sacramento），加州华人管它叫"三块馒头"。而伊利诺伊州也是这样，虽然芝加哥是州内第一大城市，但首府却是一个特别小的小城，叫春田（Springfield）。此外，纽约州的首府也不是纽约，而是纽约北边一个叫奥尔巴尼（Albany）的特别小的城市。在美国绝大部分的州，人们都有一个共同的观念：要当官，对不起，穷乡僻壤受苦去，你不是想为人民服务吗？你就上那儿为人民服务去；你要是不想当官，太好了，洛杉矶、芝加哥，等等，想去哪儿就去哪儿，想干吗就干吗，实现你的美国梦去。

于是，数万名认为芝加哥是伊利诺伊州首府的"自己人"都被抓起来了。更可笑的是，当时美军的地面部队总司令布雷德利上将说伊利诺伊州的首府是春田，答对了，但是问他的那个宪兵以为答案是芝加哥，差点把他抓了起来。

美国人一看这结果，说不行，咱们美国人没文化，咱不能考这个。

第二天考什么呢？考洋基队打第四棒的主攻手叫什么名字，结果德国奸细全被抓起来了。因为虽然德国人背过美国的历史、地理知识，但他们谁也不知道纽约洋基队打第四棒的主攻手是谁。如果大家看过一点儿棒球，就会知道第四棒是大明星，前三棒有可能都没有造成全垒打，于是第一棒的人跑了三次，跑到三垒，第二棒的人跑到二垒，第三棒的人在一垒，所以三个人在垒上，这个时候第四棒如果打出一棒，就"嗖"飞走了，得4分，因为不光是你跑回去了，在前三垒上的那三个人也都跑回本垒了，就是一棒能得4分，就是全垒打。第四棒是主攻手，每一支棒球队有两大明星，一个是投手，另一个就是这个主攻手。最后全体150万美军从将军到士兵都说对了答案，德国奸细都说不出来。

所以你看，体育在美国人民的心目中是多么重要。而黑人几乎垄断了美国体育，除了跟水沾边的。我认为跟水沾边的运动黑人好像不太行。比如冰球，黑人就很少，几乎全是白人在那儿打；游泳，菲尔普斯等男男女女几乎都是白人；还有跳水，我也奇怪，黑人其实柔韧性非常好，跳水不就是翻几个跟头呗，按理说不难，但也还是白人厉害。可能是黑人怕水吧，确实在非洲的时候离海比较远。

但是除了这些跟水比较密切的运动，其他的，篮球我就不用说了，任何一个《晓说》的观众、读者都能说出不少于5个的黑人大明星，乔丹、科比、詹姆斯等；棒球，也不用说，大家看过都知道；橄榄球，除了四分位这个领导者的位置得是个WASP，也就是美国标准的第一等白人，其他的位置，边锋也好，防守的也好，几乎都是黑人；田径那就更不用说了，不光美国的田径是以黑人为主，包括英国还有加勒比海周边国家的田径也都是以黑人为主，你看百米赛跑，也几乎都是黑人。

我小时候看奥运会，心里还有些种族歧视——就像这次欧洲杯的种族歧视一样，因为东欧很少有黑人，所以乌克兰、波兰都发生了歧视黑人的事件，但其实那些黑人都是荷兰人、法国人、英国人。

小时候我印象最深的就是奥运会每次百米赛跑都会有一个白人跟一群黑人竞争，那个白人就是苏联人，因为苏联队里从来没有黑人。那时候苏联是举国办体育的体制，所以苏联永远是奖牌榜第一名。他们很强大，而且强大到居然有人能跑百米赛，所以每次一看到一个裤衩都比别人长一点的白人，我就说，哇，太厉害了！苏联人跟一帮黑人跑。其他七个跑道上全是黑人。所以刘翔是我们的骄傲，因为在那个跑道上，除了黑人以外没别人，我印象中连苏联人也没有，结果在110米跨栏那个项目上居然出现了一个不是特白，但黑眼睛、黑头发、黄皮肤的中国人。在所有力量型的体育项目上，几乎全是黑人的天下。现在的足球也出现了越来越多的黑人，德罗巴、意大利队的"巴神"，等等。连白人垄断的高贵的运动——高尔夫球，也出了个泰格·伍兹，绰号"老虎"，那简直是无与伦比、神一样的高尔夫球星。最后只剩下一种贵族运动黑人还没染指——马球，什么时候黑人骑在马上开始玩儿这个了，那基本就齐了。

所以，美国的黑人在体育上有绝对比例的大明星，在娱乐业也有相当大比例的大明星，在音乐行业也是一样。美国的音乐行业是这样的，白人在乡村音乐这一块是垄断的，乡村音乐其实就指的是白人的传统音乐，以南方的纳西维尔为基地。其实南方黑人很多的，但是因为南部一直存在种族歧视，所以纳西维尔那个地方就是白人的乡村音乐基地。所以你看乡村音乐歌手，都是白人，你从来没见过一个黑人戴着一顶牛仔帽，在那儿弹一把木吉他的。

还有一种白人垄断的音乐是摇滚音乐，尤其是重金属，重金属音乐在美国其实是一种有严重种族歧视倾向的音乐。我还记得有个乐队就叫 WASP，你乐队叫这个名字，就表明你已经有种族歧视了，你就是在标榜自己是第一等白人。那个 WASP 乐队特别可怕，每次上台前都要吃生肉，拿起一只活兔子就咬，满嘴是血，然后开始演出。在演出现场，他们就敢让所有的有色人种滚出去。重金属摇滚以及大量类型的摇滚音乐里，黑人只有极少数的大师。黑人有自己的传统音乐，但是美国人不认为那是他们的乡村音乐。不过，黑人有自己的爵士乐，可以这么说，当代的美国音乐几乎都被黑人音乐垄断了。当代美国最红的音乐 Hip-Pop，那就是黑人音乐，还有 R&B，也是黑人音乐，**这些都是从黑人的爵士乐演变过来的。**

△ 黑人在体育和音乐上的贡献极大地促进了美国的种族平等。体育塑造了很多黑人英雄，而摇滚则是黑人与白人共同贡献和融合的一种音乐流派。

第十期·两极分化的黑人世界 破破的桥点评

黑人对美国有着无可替代的贡献，与此同时，黑人也是美国很多社会问题的源头。

我有一个梦想。

这个国家终将实现承诺：人人生而平等！

请叫我 Snow Chocolate

美国的种族歧视也是在近几十年才慢慢消除。

然后变得有点矫枉过正，为保证政治正确而用力过猛。

为什么我觉得我被歧视了？

RAP

JAZZ

黑人在很多体育项目上都占绝对优势。

而当代美国音乐也几乎被黑人音乐垄断。

第十一期

北纬三十度文明古国的平和之道（上）

北纬 30 度是一条很神奇的线，它穿过了各个文明古国，中国、伊朗、埃及、墨西哥等国家，是一条特别有意思的"文明线"。几个最重要的宗教，佛教、伊斯兰教、基督教，也都是在这条线上诞生的。它还横跨了几条大河，长江、恒河、尼罗河、密西西比河。

我个人觉得，它也是一条"美女线"，这条线上，中国苏州、杭州，北印度以及欧亚交界的那几个国家都是美女如云。此外，还有墨西哥大美女、美国南部大美女，等等，所以这条线很值得讲。

先讲这条线上的一个重要的国家——印度。这条线上大部分国家我都去过，但是印度给我的印象非常深。

在此之前，我先说一个有意思的现象：我们大部分的中国人对一些遥远的国家很了解，比如大家很了解美国，人人都能说出几个美国的州，都能说出纽约、华盛顿，等等，不少人还能如数家珍地说出欧洲各国与美国的各种事儿，但是对离中国非常近的国家却非常不了解，其实也是互相不了解。

我觉得特别奇怪，比如说日本，中国

△ 说到歧视，我也和一些在印度的老外聊过他们对中国人的看法。冥冥中感觉得到老外对中国人有一种疏远，比对日本、韩国人要严重。一部分老外依然认为中国相当落后贫穷，和朝鲜似乎没有很大的区别；少数人认为中国人特别有钱、什么都能买。他们对中国人的性格、生活、文化毫无了解，只有一些针对时政的评价。有几个到过中国的老外非常喜欢中国，尤其喜欢西藏、云南等地。歧视大都源于偏见，偏见都源于不了解。在这之间，始终有一堵墙在阻挡沟通。

人民其实很不了解今天的日本，大家对日本的印象都停留在《小兵张嘎》里的胖翻译官那个阶段，今天的日本大家其实很陌生。日本人也不太了解中国，对中国也很陌生。

再说俄国，大家也很不了解，还停留在老大哥那个阶段。俄国反华也很严重，我个人感觉全世界最不歧视华人的就是美国，最**歧视**华人的就是俄国，每个俄国人都恨不能揍你一顿。

印度与中国有上千公里的接壤，但我们对印度也很不了解，唯一一点的了解就是"阿三"、头上有个"火柴头"之类的，最多也就从印度歌舞片里了解到印度人爱跳舞。包括越南在内，跟我们接壤的许多国家，离我们这么近，有的叫一衣带水，有的一迈腿儿就到了，但是大家之间有很多的隔阂。所以下面我说说印度。

总的来说，我还是很喜欢这个国家的，因为这个国家有一种在很多国家都已经没有的平和的态度。

我要细讲一些我自己的亲身经历，出了国的人，其实跟在本土的人是有很大不同的，比如说，在海外的华人跟在中国的华人其实很不一样，海外的印度人跟在本土的印度人也很不一样，我是先从海外见到的印度人开始了解印度的。

我第一次正经接触印度人是在九几年，我有一次从尼斯（法国南部的一个美丽的城市）坐火车去巴塞罗那，那时候火车很慢，不像今天，要买一个"顾赛特"的票。"顾赛特"就是卧铺，卧铺车厢就跟我们的软卧差不多，但是没有我们现在的软卧先进，好像都没有空调——那时候南法的气温已经很高了。

"顾赛特"里睡了四个人，特别能代表国际关系：一个中国人，我；一个印度人叫黎东，听起来也像个中国人的名字；一个美国黑人，他来自芝加哥旁边的一个叫圣路易斯的城市，叫卡普；卡普旁边睡了一个南非的白人，叫伊恩。

今天南非虽然在法律上已经规定种族平等，但那里的白人还是有点残留的种族歧视观念，毕竟那时候南非白人是非常歧视黑人和其他有色人种的。

所以当时伊恩一进车厢，都颓了，因为那应该叫作"彩虹"车厢，有各色人种。伊恩躺在床上就不跟我们说话，闭着眼睛。

△ 我在印度的时候，也和一个印度人辩论过。那个印度人特别瞧不上中国，说中国比印度差太多了。我特别不服，给他描述中国的经济现状。那个印度人开一辆"雨燕"，在印度能开私家车已经是相当张扬的事了，路上的摩托车和行人都要给让路。我说在中国，你开着一辆"雨燕"都不好意思去谈业务。他说："我们有世界闻名的本土电影和音乐，你们有吗？我可是一部中国电影都没有看到过！"我一下子被戳中了软肋，你说赖谁？

那个美国黑人卡普就想：你有什么了不起的，我是美国人。于是就拉着我跟黎东说："咱们去喝一杯去，甭理他！"我们三个人就跑到 bar car——火车有一节是酒吧，就是一个大而长的吧台，很多人在那儿喝一杯，聊聊天。

中国人和印度人在海外遇见，特别容易辩论起来，因为这两个国家互相很不了解，都觉得对方有很多问题。

黎东就跟我辩论了起来，而且他说的英文有一种特别怪的口音，如果你没有在硅谷之类的地方长期地跟印度人做过同事，你几乎是听不懂的。

辩论的过程特别搞笑，我跟黎东都说英文，我听不懂他说什么，但他听得懂我说什么，于是卡普便翻译给我听。卡普是在全世界到处教英文的老师，他什么英文都听得懂。黎东说中国的计划生育不对，很没有人权。那时候我们都年轻，都二十几岁，大家都特别好胜，所以我说，你们印度好，每个人都生十个八个，养不活就到处卖，卖到东南亚干这个干那个。

最逗的是，黎东说印度是世界第二大民主国家，这一下子被我抓住小辫子了，我问他，那第一大是谁呀？他说第一大民主国家是美国呀！我说这不对吧，美国才两亿多人（那时候美国只有两亿多人，现在达到了三亿多），你们却有十多亿人，贵国才应该是世界第一大民主国家吧？我说完，欧洲各国的人都笑了。这是我第一次接触到印度人。

虽然这是我第一次接触印度人，而且黎东只是一个木匠，肯定不能代表印度的各个阶层。

印度是一个有着严格种姓制度的国家，被分为四个种姓，最高的是婆罗门，然后依次是刹帝利、吠舍、首陀罗，比首陀罗更低的就是不入流的单陀罗，也叫作贱民。虽然现在的印度是民主国家，法律规定人人平等，**但这些传统还是有存留**，尤其在教育等各种资源的分配上还是很不平等。

后来我在美国遇见了很多印度人，加利福尼亚州就是印度人最多的州，在美国的印度人基本都是高种姓的，都是婆罗门，他们没有黎东那么黑，大多是在硅谷工作。

我以前讲过，硅谷的人自己开玩笑说，我们最重要的产品不是 PC，而是 IC，就

△ 遇到过去印度乡村做乡土调查的大学生，给我描述了在印度农村依然非常严重的种姓制度。说是高种姓的人宁愿摸牛粪，也不愿意碰到低种姓人的脸。在婚姻上，种姓制度也有很严重的影响，造就了很多惨烈的爱情故事。记得在网上看过一个去印度农村高种姓同学家做客的中国人，写了他在印度农村生活的帖子，帖子名字叫作"在印度农村生活了八个月"之类的。其中讲到，上完厕所都是由同学的贴身仆人帮忙洗屁股。作为客人还不能拒绝仆人的服侍，否则仆人会受到主人的惩罚。

是 Indian &Chinese，因为在硅谷，几乎每个公司都是一堆中国工程师和一堆印度工程师共事。

硅谷的人说，中国人跟印度人有一个很大的区别：在同样一个岗位上工作，中国人如果工作了三年还没升职，还没升到高级工程师或者经理，就觉得自己很失败，就颓废了，就要跳槽了，但是老印可以在这个职位上干几十年都没事儿。

印度人有一种特别平和、踏实的心态，他每天认认真真坐在那儿写同样的程序，可以写几十年。而中国人却老能想出各种奇怪的想法走捷径，把一百句的程序换一个新算法，七八句就写完了。但即便这个新算法是对的，老印也不执行。如果他是上级的话，就必须按照原先的来，除非得到高层的决定，承认这个算法可以更换，他才会执行。

印度人特别严谨，特别认真，特别拧，特别有契约精神，可能有英国在他们那儿待了上百年的缘故。他们那种英国式的契约精神特别强，就是认真、踏实，合同里每个条款都弄得很仔细，只要弄好了，他就绝不会反悔，连买个房子都是这样。

因为美国买卖房子合同有规定的标准，大家都不能自拟。标准很复杂，你干那个，你干那个，你干那个。比如最后接收房子的时候，房子里边的垃圾要由broker（卖房子的中介）弄掉。

我家里就有亲戚在北加州做房地产broker，他跟我讲，老印太认真了，打电话说发现车库里有垃圾，你得把垃圾清理走，因为这个归你管。他开一个多小时的车，到了那儿以后，发现只有一包已经在塑料袋里包好的、离车库外面的垃圾桶只有8米远的垃圾。那个印度人明明拿起来走几步就可以扔到垃圾桶里，但是合同上规定清除房内的垃圾是由broker干的，所以即便你要开一个多小时车才能到，你也必须来把这个几斤重的垃圾袋拿起来，走8米扔在垃圾桶里。话说回来，如果写了是他该干的，他也绝不含糊。

他们在印度餐馆里也是特别拧。华人的餐馆特别灵活，觉得美国人不喜欢这个口味，马上就能改良。大家看到香港餐厅里中餐跟西餐的融合，就能看出华人的那种灵活性。你在华人餐馆吃饭，不爱用筷子，给你叉子、刀子也没问题，你就叉着

△ 在我去印度之前，第一次见印度人是在香港的重庆大厦。当时只知道王家卫的重庆森林与此楼有关，便订了重庆大厦的家庭旅馆，以为那儿是特别小资的一个地方。记得当时拖着箱子在一楼等电梯，结果电梯门一开，出来了一电梯的印度人。当时感觉特别穿越，以为进入了异次元。当时我住的家庭旅馆是在香港土生土长的印度大叔开的，他只会粤语和英语。听他和周围的香港阿姨用流利的粤语聊天，与他的印度脸反差极大，很有趣。

吃咕噜肉呗，没问题。

但在印度餐馆就不行。你进了印度餐馆，你说我不愿意用手，他非得让你用手，你说给我筷子，他坚决不给，说不行，你要不然就去别的地方，你来我们印度的餐馆吃饭，必须上手抓，要不然就不给你，我们就是这个传统。你说你不爱吃咖喱，想点没咖喱的菜，其实他有，但他也不告诉你，说那不行，你来我们印度餐馆就必须得吃咖喱。

在美国的印度人都是受过高等教育的，都是电脑工程师、软件工程师等，也很礼貌，很 nice，宗教情结很强，自己的社区管理得也很好，也不跟外国人通婚——可能在内部还保持了一些种姓制度，不同种姓之间是不能通婚的，就更别说外国人了。你能感觉到他们比较死板，但是很友善，他们极少有犯罪的。当然，华人也基本不会，这些在美国的亚裔基本都是受教育程度高、收入高，而且遵纪守法的人。

这是我最开始了解的印度人。

我后来去了印度，给我留下了非常深刻的印象。我去了全世界无数个国家，感觉到**印度人和自然、动物以及整个环境是最融洽的**。我是 9 年前去的，印度这几年发展得很快，但我想说说 9 年前的印度。

2003 年的中国已经有很多高速公路，很多大的购物中心，基本上人人都有手机。那个时候的印度一公里高速公路都没有，路上全是尘土飞扬，手机也很少很少，有手机的都是特别厉害的人。我对比了一下数据，那时候印度所有的手机用户加在一起，也就相当于**中国手机**用户一个月的增长量。那时候印度没有大商场，没有大超市，都是一些小店，看着很像中国在八十年代的那种小店。

不过，印度有一个特别大的特点——你到处都能看见动物，甭管在什么城市。我有一次在街上，一抬头看见树权上停着一只孔雀，拖着大尾巴。我一直觉得孔雀已经成为一种家禽了，只能在动物园里生存，所以我感到十分惊诧。在乱七八糟的自由市场里，猴子在各个摊上跳来跳去，拿起个东西就吃了。还有大象在街上走，但不是在市中心，而是在郊区。不过，就算在孟买或者新德里这样的大城市市中心，你也能看到牛，而且牛在街上慢腾腾

△ 有一次在恒河边上等船，问一起等船的当地人船什么时候来，他给了一个类似"两点零七分"之类的相当准确的时间。两点零七分左右，岸边的人突然喊着让河里沐浴的人上岸。随后河水中出现了类似"微型钱塘江大潮"的一道潮水，潮水一字排开涌过来，岸边的泥地便被淹没了。河中央的船于是靠了岸，岸上乘客特别自然地排队上船。原来"两点零七分"是涨潮的时间。

△ 中国山寨手机在印度很流行，我遇过好几个 TUTU 车（印度三蹦子）司机，听说我是中国人，便拿出手机给我看，冲着手机竖大拇指。山寨手机放音乐声音超大。TUTU 车开起来噪音已经很大了，但是还是无法盖过山寨手机的音量。他们爱听舞曲，风格就是印度拐弯唱腔的"凤凰传奇"，司机很喜欢，边开车随着音乐摇头晃脑的，很拉风。

第十一期·北纬三十度 文明古国的平和之道（上） 邵夷贝点评

△ 我不觉得！我第一次见到牛，也曾用看神一样的目光注视着它们，然后看到它们被各种人和车轰到一边。每次坐 TUTU 车，司机见到牛、人、狗都拿喇叭狂按，而且不减速，我的小心脏啊……难道我遇到的都不是"神牛"？

△ 街上必须一直有垃圾，因为垃圾是牛和狗的食物，在城市里放养的动物需要以此为生，所以印度的这种脏乱是有缘由的，也是不可以被改变的。

△ 印度的消费确实低，很多背包客都拿印度来比"低消"。但是住还是比较两极化，贵的特别贵（官殿、城堡酒店之类的），便宜的特别便宜（家庭旅馆、青年旅舍等），中间档次的宾馆不多。高老师大概走的是高富 X 路线，我就很屌丝，一直住背包客聚集区的青年旅舍或家庭旅馆，毫无干净可言，经常在房间的墙壁上看见壁虎。

地走，大家也不鸣笛。

印度对牛是特别尊崇的，牛是图腾式的东西，**所有车都只能慢慢地跟在牛后面走**。尤其是出现一头白牛的时候，周围鸦雀无声，那白牛就自由自在地拉着一个小车在街上走。

后来听说印度人去庙里请东西，不能自己拿回去。咱去佛教庙里开个光，或者请个什么东西，咱自个儿抱着就走了。他们就不行，一定得弄一头白牛拉一个车，把东西拉回去。有很多人说印度好脏啊，尘土飞扬，柏油路也少。其实，在特别干净的城市，你根本没法跟动物、跟自然有那种结合，毕竟**动物肯定不会特别干净**。中国人讲"水至清则无鱼"，水太清了，当然养不了鱼。再说了，人也不见得就那么干净。

我说一个吓过我一跳的有关"干净"的事。那时候**印度物价很低**——现在我估计也很低，我便住在一个很高档的酒店。酒店的旁边有一条河，早上能看见河里有无数人在洗衣服，特好看，因为印度的阳光特别强烈，水花溅起来，在阳光下特别漂亮。我跟旁边陪我的印度哥们儿说，这样哪能洗干净，这可是**大城市的河**。印度的贫民窟特别多，河看着就不干净，这怎么能洗干净衣服？他看着我就笑。我说你笑什么？他说你酒店那床单也是在那儿洗的。这真吓了我一跳，原来我每天就睡在河里洗的床单上。

在印度一开始你会很不习惯，但是待一阵子后，你会慢慢地融进那种平和的气氛里。在这种气氛里，人与自然就能够融合在一起。我觉得最重要的其实不是人人爱动物，而是宗教在他们国家举足轻重的地位。

我去之前还以为佛教在那儿很厉害，因为一想到释迦牟尼，一想到唐僧去印度取经，就会这么觉得。我到那儿专门请了一个印度的佛学教授陪着我，还挺贵，每天给他好几十美金请他陪我聊。到了那儿才发现，佛教在印度已经日渐式微，在有些地方几乎就是荡然无存。当时他跟我讲，佛教在印度大概只排到第七，信佛教的人只有百分之零点几，还远远不如锡克教（15 世纪产生于印度的一种神教），锡克教还有将近 2% 的人信。信基督教的人也有很多，信伊斯兰教的占到百分之十几，差不多有 80% 的人信仰印度教。印度西边的人和东边的人长得都

△ 个人认为河水里"内容最丰富"的应该是瓦拉纳西，我住在那里的一周只能靠吃香蕉和饼干果腹，别的吃什么都会腹泻。恒河边的瓦拉纳西被称为圣城，很多印度人的终极目标是死后在那里被焚烧。我围观过的那个焚尸台一天要烧掉 200—400 具尸体。焚尸的时候，小孩就在焚尸堆旁边的河里游泳嬉戏，旁边有洗衣服的人，还有洗澡的水牛。坐船去了河对岸，刚走两步就看到一个骷髅头。

第十一期·北纬三十度 文明古国的平和之道（上）　邵夷贝点评

△ 大多数宝莱坞明星不是锡克就是北部穆斯林，长相都比较欧式，和生活里的印度人很不一样。中国也这样，大多数白富美的明星都整得高鼻梁大眼睛，不太像黄种人。对比欧洲人眼中的东方美，只能说物以稀为贵。

不一样，西边的人明显是有阿拉伯人的样子，长得非常漂亮，男男女女都是高鼻子、深眼窝。在孟买你会看到，**满街都是美女、帅哥，宝莱坞就在那里**。孟买原来在殖民时期叫 Bombay，把这个 B 装到好莱坞的头上了，就叫宝莱坞（Bollywood）。但是现在你在印度跟人家说 Bombay，人家会不高兴的，就像你来北京，管北京叫 Peking，我们就会不高兴——这都是帝国主义国家给起的名字。我们叫 BeiJing，不叫 Peking，孟买后来叫 Mumbai。

宝莱坞是印度的电影中心，产量世界第一，远远超过好莱坞。当然主要的原因不是因为它真的有那么多要产的电影，而是因为它语言多。印度是一个民族特别多的国家，最大的语种也不会有超过 30% 的人说，所以它的每一种电影都要 remake（翻新）成不同的语言，这个电影在这个地方火了，然后在另外一些邦，就拍成另外一种类似的电影，remake 成别的语言，它的产量是靠这样来的。热爱电影也是印度人的一个传统，看电影是他们生活的重要组成部分。

整个印度给我的感觉就是几乎人人都信教，你不信这个教反正就信那个教，包括知识分子在内。我很少见到有信佛教的，我猜在印度最北边的那些地方可能有佛教遗迹，鹿野苑的那些地方有一些人可能信佛教。

虽然我也去过天主教大教堂，去梵蒂冈参加过弥撒，大家一起唱起歌，互相握手的时候，我也被天主教那种互相仁爱的感觉震撼过，但我却在印度受到了更大的震撼。那次是在新德里旧的皇宫，出了门，有一个巨大的露天市场叫作月光市场，那儿全是地摊，各种各样的衣服都摆在地上。市场特别大，也不知道有多少条街，滚滚红尘的感觉，到处尘土飞扬。

开始我还跟人家在那儿讨价还价呢，突然间从老皇宫里传来了音乐。我估计有十万人（因为印度人口数量跟我们差不多，但是国土面积大概只有我们的三分之一大，因此那些大城市的人口密度是极大的），在音乐传来的那一刻，在我眼前哗啦一下全都匍匐在地。像海里的礁石一样零零星星地站着的人，都是长着外国脸的游客，手里还拿着人家的商品，表情都特别奇怪。当地所有的人都匍匐在地祈祷，当然，也没人趁这机会把东西拿走了，其

△ 说到宗教气氛，记得在圣城瓦拉纳西，到处都是很小很窄、像胡同一样的小路。TUTU车司机告诉我这种小路很危险，晚上不要一个人走。他给我指了一些相对安全的路线，都会路过小型的神龛。大概在神龛附近，不会有人做坏事情。

△ 我去加尔各答一个地方做义工，下车后需要穿过一小段平民窟。几个木板便隔出一个家，黑漆漆地探出好几个脑袋。窄巷子里的小孩会冲过来抢你手中的矿泉水瓶子，然后恶作剧似的大笑着跑开。有一次我和一个德国义工一起走，几个小孩正用接近黑色的肥皂水洗头，看见我们经过，就把肥皂水泼了我们一身。德国人当时特别生气，大喊了几声，然后看看我一脸同情地说："你应该习惯了吧，你们国家也是这样的。"搞得我一时语塞……

实你拿走了也不会有人管，因为对他们来说那祈祷更重要。而且你能特别明显地感觉到，他们祈祷完了站起来，就不像祈祷之前那么严肃地跟你讨价还价了，语气缓和多了，说好吧，你拿走吧。

印度到处弥漫着这种宗教气氛，当音乐传来，数万人集体匍匐祈祷的时候，正好还有像滚滚红尘那样的尘土在飘扬，特别净化心灵，让你有一种久违的感觉，就好像前世曾经遇见过这种美好的场景。

印度有举世无双的大贫民窟，大到什么程度？在孟买飞机降落的时候，大概提前五分钟下边就已经是**贫民窟**了。贫民窟一定是建在噪音最大的地方的，富人怕吵，所以一定住在远离飞机航线的地方。从飞机上往下看，所有人都很震撼，一直飞了5分钟，下边都一直是贫民窟。后来人家告诉我，那个贫民窟里住了300万人。那个贫民窟的路狭窄到什么样？大家可能看过得奥斯卡奖的那个《贫民窟的百万富翁》（*Slumdog Millionaire*，2008），路窄得只能供人走路，消防车、救护车绝对开不进去。我当时看着这个无比巨大的贫民窟的时候就想，这要是扔一个烟头进去，那300万能烧死 30 万，因为没有消防车能开进去，里面也没有自来水，更没有什么消防设施，非常恐怖。

后来到了孟买，我就问人家这贫民窟里都是什么人，每天要出来讨饭吗？人说不是啊，里面住的就是公务员、工人，他们白天出来上班，晚上就回到那个贫民窟里，他们都是低种姓的或者是收入低的人，但都是正经的工作人员。不过，要饭的也有很多，基本都是女的，穿着好看的纱丽（印度妇女的一种传统服装），但是他们要饭也不像咱们这儿，死活拉拽着你，或者敲你车窗，他们就是特别平和地站在那儿等着，绝不跟你纠缠，说这说那。

我们的女性应该去印度看看，看看印度女性的社会地位，回来以后就会觉得自己作为中国女性简直幸福死了。在印度，建筑工地上也都是女性，穿着纱丽，用头顶着很大的容器，里边放着砖头，就那么运砖头。要饭的穿着纱丽，在工地上也穿着纱丽。在很多个邦纱丽的穿法也不一样，印度人自己从包头和纱丽的穿法，能看出你是哪个邦的。但是都很美，**还有额头涂一道颜色的，代表已婚或者处女。**

△ 当地人告诉我额头上点红色圆点是已婚妇女，未婚则可以带各种漂亮的花式额点。有时候我一个人坐火车，会点个红点到额头上，能起到一定的防骚扰作用。

△ 印度教号称有三千多万个神灵，关系相当错综复杂，有各种变身以及亲属、裙带关系。

△ 我特别喜欢印度女人，有着小鹿一样美丽的眼睛，特别羞涩地冲人微笑，好看极了。因为"嫁妆"的问题，女人家庭地位极低。结婚成本太高，所以舍不得离婚，必须顺从丈夫。给我讲这个的是个印度小伙，讲的时候也带着对印度女人深深的同情。他是家中的独子，有三个姐姐，他是家里的皇帝。他说一家人都指着他娶老婆赚嫁妆，但是他很想娶个洋妞。

印度教是个**多神教**，不像单一神教，比如基督教、伊斯兰教、佛教，印度教有三大神，一个管出生，一个管生长，一个管死亡。管死亡的是他们最敬畏的大神，叫 Shiva，翻译成中文叫湿婆。这三大神每人还有一家子，还有一堆亲戚。湿婆有一个儿子叫象鼻神，长着一个象鼻子，是一个小胖娃娃，大家特别爱供那个。后来才知道它就相当于印度教的财神——可见全世界无论信什么宗教，还是最爱供财神。

湿婆有好多只手，一只手拿着刀剑，还有好多只手托着好多碗。我还问人家湿婆为什么托着这么多碗，他们说印度教里，湿婆是斩魔的，但是斩了魔以后，魔会流出血，只要血落在地上，就会变成一个新的魔，所以湿婆就得拿着很多碗接着。当它的碗接满了的时候，要由很多处女去接这个血，不能让血落到地上。

接着说**印度女性**。你看到讨饭的也是女性，建筑工地的工人也是女性，最恐怖的是结婚全由女方出嫁妆，所以印度人生两个女儿就开始犯愁了。我今天还看到一个印度新闻，老婆怀孕了，被丈夫拿铁棍子打。在印度，你生几个女儿就真的要疯了，因为你没有那么多嫁妆。

我问陪我的那个教授，你们两口子都是知识分子，你老婆也是知识女性，也会遵照这个传统吗？他说当然了，这是没办法的事情。我说那你们怎么办啊，你们又是自由恋爱。他说对呀，我只能把钱偷偷摸摸地给我老婆，就算她的钱，算她的嫁妆，这样才能结婚。

中国的女性应该多去印度看一看，看完了就知道自己在中国地位是多么高。再往西走到欧洲，女人婚后还得**冠夫姓**，这倒好，一结婚，爸爸的姓都不能用了，得用夫姓，如果离婚嫁别人了，还要改名字。

所以在西方特别逗，假设你突然想不起信用卡密码了，银行的工作人员就问你知不知道你妈妈以前的名字，因为你妈妈现在的名字肯定是姓你爸的姓。你如果知道你妈妈嫁给你爸之前自己的姓，他就相信你是这张信用卡的主人，然后帮你恢复密码。所以我说中国女性出去一走就会觉得自己太幸福了，不过中国男人出去一走回来，就会觉得，唉，地位太低。

我有一次去象岛，在我的传统观念里，在这种旅游点的人都挺不老实的，因为游

△ 我总觉得冠夫姓、戴戒指之类仪式感的东西，还是能起到稳定婚姻的作用，所谓的"有个名分"。有女人冠了你的姓，别人一称呼她，就等于在提醒你得对这关系负责。这多少能让叔们多些节操。西方的冠夫姓都会保留女性的名，不像中国旧社会的冠夫姓，直接就变成 XX 氏。一个女人的名字只和自己的老公与父亲有关，完全和自己无关，这才是男权。

客也不是回头客，宰一刀是一刀。到了那个岛上，一个小孩非得拉我去他们家坐一会儿，我心想不就是农家乐嘛，要宰钱了。

我说好，那坐会儿吧。到了那儿，他给我倒了一杯芬达，然后聊了几句，也听不太懂。印度语里其实有很多词是英文，尤其是数字，反正我听他们说印度语，偶尔能听见数字——我老怕别人骗我。咱们生活在中国的人，从小都有一种防御心理，到哪儿都怕别人骗自己，所以人家一用印度语说话，连我的司机都支起耳朵听。

最后我准备走的时候，已经作好准备狠狠地被敲一笔，结果人家说不要钱。我问为什么，人家说因为昨天在这儿办了个婚礼，按照当地的习俗，办婚礼期间所有来的人都是客人，都要请到家里来喝一杯，你又说你不喝酒，所以请你喝一杯芬达，这是我们办婚礼的习俗。我才明白过来原来不是旅游点宰客，特别高兴，走了。

我在那儿以极其防备的心态待了头一个礼拜，但是没有一个人骗过我，后来我的心态慢慢就放轻松了。慢慢地我就习惯了印度的很多事情，比如说哪里都不是特别卫生，因为有很多动物来来去去。

北纬30°是一条很神奇的线，穿过很多古老的文明。

歧视源于偏见，
偏见源于不了解。

印度和中国，彼此都有很多偏见。

绳命如此
精彩回晃！

印度人和自然、动物以及整个环境是最融洽的。

恭喜，都
是儿子！

哈哈！四胞胎全部带
把儿！我发财啦！！

印度人结婚，嫁妆全部由女方出，
所以家里女孩子多会很恐怖。

印度到处弥漫着宗教气氛，普遍信仰
宗教让印度人民生活得幸福而平和。

邵夷贝 点评

第十二期
北纬三十度
文明古国的平和之道
（下）

一条线划出十六国，孕育出六大文明，留下四个宗教，千秋万物，世态众生，北纬30度这条线，值得美酒一杯，好好聊聊。

我去过很多印度教的寺庙，非常有意思。印度人对于性的崇拜很有意思——比如印度教寺庙里边的很像"欢喜佛"的雕塑，还有他们那本世界闻名的《爱经》。虽然我们把它翻译成《爱经》，但其实它是一本关于性的经书式的东西。"爱经"是一种挺隐晦的翻译，不过它里面本来就不是淫秽的东西，不必这样隐晦地来表达。通过它我们反而可以了解这个民族以及他们关于美的观念。这些都跟我们有很大的不同——我们的宗教是很禁欲的。

我去印度的时候是 2003 年，那时候印度还很落后，让我觉得特别神奇的是他们的出租车。印度那个时候车很少，你如果开辆宝马在街上走，那在他们看来就是一件不可思议的事。我本以为印度传统的种姓制度应该会催生非常富有的家庭，宝马这样的车对这样的家庭来说应该不算什么。但事实是，你很少能在街上看到这些人，只有在德里或者孟买最高级的餐馆里才能看到他们。平时在街上，我看到的最

△ 印度人有一个有趣的地方，是他们说"是"的时候是摇头的。我第一次坐出租车，告诉司机目的地，他就摇了一下头。我以为他不明白，就一直解释，他就一直摇头，直到摇到目的地。

△ 我去的时候已经都换成电子计费表了，没有见到这样神奇的装置。

好的车也就是丰田凯美瑞之类的。

而且他们的**出租车**特别有意思，计数用的表你根本难以想象。那个机械是怎么计数的呢？它有一根管子伸出去，那管子就是一个蜗杆，伸出去以后有一个角一直与车轮接触，有点像我们小时候自行车上的摩电灯，车轮每转一圈，就带动那个东西蹭在车轮子上，带动它转；它转的时候再带动一个蜗杆，然后通过一个万向轴，最后回到**机械表**这儿，蹦出机械的字，完全不是一个测速、测距的玩意儿。我当时看着印度出租车的那个表我傻眼了，那个设计太有意思、太神奇了。计数表居然是这么大的一个机械表，这太容易坏了。

我不知道今天印度发展到什么样了，那个时候我在印度感觉到了一个企业——"塔马"的巨大，中国好像都没有那么大的企业。印度的卡车、汽车、各种各样的车，都是一个叫"塔马"的企业制造的。这个企业的名字和汉语的"他妈"谐音，我很容易就记住了。这么大的一个企业，让我感觉到很特别，我觉得这是印度跟中国千差万别的地方之一。

我在印度唯一真正习惯不了的就是吃。

在印度吃的头两顿饭简直太好吃了，尤其是他们抹在薄饼上的那个酱很好吃，还有就是咖喱做的食物，他们大概只吃**咖喱**鸡和咖喱羊。而大部分印度人是吃素的——印度教规定信徒要吃素。

头两天吃的几顿饭，我觉得太好吃了，本来还备了很多方便面（别人提醒我们一定要带方便面去印度），但吃得这么好，一高兴就把中国高级的**方便面**送给了印度的朋友，让他们尝尝中国美妙的方便面，这一送就都送光了。可是过了几天，我想方便面已经想疯了。因为后来无论我们走到哪儿，能吃的永远就是那两种东西。我最后吃得已经完全精神颓废了，只好去找人家，问他们："那时候给你的方便面，你吃了没有啊？"没吃的话，赶紧要回一包来，然后泡了大家分着喝那汤，都觉得特鲜美。

待在印度，除了吃饭这件事儿之外，其他的都觉得特别美好。没有人很激烈地来跟你讨论什么事情。就像你现在如果去日本，也不会有人来跟你讨论什么抗日战争之类的事情，大家都会说，那都是很久以前的事情了。在印度也是这样。不过他

Δ 咖喱确实是噩梦，去印度之前我曾经是个爱吃咖喱的人。从印度回来之后，连东南亚其他国家的餐馆都不敢进了，就怕遇上咖喱。

Δ 在印度吃了一周饼干加香蕉之后，正经地是相当想念"老干妈"。当时遇到一对自助游的中国老夫妻，带了一个煮泡面的小锅，说是拿开水煮当地的白鸡蛋，特别鲜嫩。就这，都听得我口水直流。所以说，印度是一个减肥胜地，价格实惠、效果明显。

们对他们的宗教、他们的信仰却是很在意的。所以如果你到了印度，跟印度人聊起中印战争，他们也都会说听说过，在他们的历史课本里也说是中国赢了，然后我们也就没什么可说的了。

中印战争是很有意思的。朝鲜战争时期是我军的巅峰时期，因为那时候我军刚结束了八年抗战和四年解放战争，正是官兵都身经百战的时候，所以那时候在朝鲜战场上应对美军的主力，都能打一个平手。1962 年的中印战争，我军基本没有出动什么主力，也没有再往西藏多运兵，就靠原来驻在西藏的一个多军，横扫了印军主力。中印战争中的印军都是主力部队，都是参加过北非阿拉曼战役、缅甸战役的，尤其是第四师，那是印军的王牌军。当然，那时候在北非、在缅甸的印度军队，军官还都是英国人，直到印度独立以后，军官才都变成印度人。但我军就以一支偏师，没有增加任何部队支援，以边防部队就把印军王牌主力打得——我不带偏见地说，确实把他们打得够呛，打死一个将军，还抓住好几个。

印度军队确实是不经打的，也因此

经常被人征服，一会儿穆斯林来征服一下，一会儿英国人来征服一下，都是统治好几百年。但是印度这个民族有韧劲，这个韧劲就是——我虽然不尚武，我打不过你，但我能骑头大象冲上去，这头大象就是它强大的信仰和传统。穆斯林统治了印度那么多年，印度教最终还是又恢复了起来。英国统治印度那么多年，信仰基督教的人到现在也大概只有7%。最终不管谁来统治印度，还是有80%的人信仰印度教，种姓传统依然流传了下来。所以，不管好的也罢坏的也罢——种姓传统当然不是什么好的传统了，**印度人的宗教信仰和他们那种平和的心态在漫长的历史中依旧延续下来。**

世界上大部分国家的独立都经历过残酷的斗争，比如美国的独立战争、南美的独立战斗以及各个被殖民地区的独立战争，等等，只有印度的独立是靠甘地领导大家进行"非暴力不合作"运动取得成功的。

有人要问，没有游击队，没有枪，也不跟殖民者打，但还是要独立，不要做殖民者的奴才，这怎么可能成功呢？但事实

△ 如果想要体会所谓信仰的力量，去印度是最佳选择之一了。大部分平民的生活条件确实恶劣（即便是在大城市里），女性的地位更是极其低。但是他们的幸福指数非常之高，我遇到的印度女人，总是有个美丽的笑容挂在脸上。印度的网速虽慢，但是没有任何屏蔽。他们贫富差距极其大，是可以看到所谓物质上的"幸福"的。但是因为信仰的关系，他们的幸福感不建立在物质上。我觉得他们脑中有一个非常稳固的幸福体系，这是我们这些在无神论教育里长大的人所无法通过逻辑解释的。

就是这样，印度的独立就是这样完成的：大家上街抗议，然后被屠杀，每天被棍子打得头破血流，但就是要坚持"非暴力不合作"，就是坚持不用暴力反抗暴力，但同时坚定地不与殖民者合作，坚持要独立。最后你打我一百次，你自己打得手都酸了，但我还是要独立。最后，印度真的就这样独立了。

所以印度大概就是这么一个民族，它不尚武，在打仗的方面确实不行。虽然今天印度的陆海空军从技术、装备上来讲，跟我军不相伯仲，海军可能还稍微强一点，因为他们一直有航空母舰，并且操作了数十年之久，马上两艘新的航母又造出来了——俄罗斯帮忙造了一艘，印度自己也造了一艘。而我军到现在才有了第一艘航母，刚刚整修完成，进行出海实验。

但是，光有一艘航空母舰没用，还得有操作这种东西的战斗能力。中国最起码需要几年时间才能把这个东西玩转，而印度已经操作了很多年，所以他们的海军还是很强的。他们的空军也很强，因为苏30—MK1战斗机和他们马上要买的法国"阵风"战斗机，都要优于我军的主力战斗机——苏27、苏30、歼十。印度的陆军也不弱，他们的T90S主战坦克是俄罗斯的，跟我们的98式坦克差不多，所以从技术装备上讲两军其实是不相上下的。但是由于印度不是一个尚武的民族，所以同样拿着一件东西，他能不能打，这个事真的不好说。

印度从人口来说现在已经很逼近中国了，军队跟我们也是差不多的规模，但是印度并没有多少人真的那么激烈地说要如何如何。当然，由于印度每个党派都有发言的权利，所以这样的意见也很容易分散。

印度的每个党派为了自己的利益经常会叫嚣点什么。但每个党派都是你说你的，我说我的，谁也没法"统一"谁的意见。印度的一些党派比如印度共产党，在几个邦里一直占据上风，每次选举都能胜利，这几个**共产党**占据优势的邦，在印度东部从北到南，连成了一条"红色走廊"。由于印度是联邦制国家，跟美国一样，每个州的权利很大，甚至连联邦政府也无权干涉。所以在"红色走廊"的几个邦，实行的也是社会主义，实行公有制。

当然，在另外的一些邦，其他一些党

△ 在加尔各答的一个市场边上，看到一堵破旧的墙壁，整墙都是共产党的党徽涂鸦。

派获得选举的胜利，实行的又是不同的制度。所以我们可以看出来，印度其实是一个很复杂的国家，有各种不同的声音也是很正常的。我们的媒体经常会说，印度媒体在挑衅我们之类，其实我特别想说的是，在一个新闻自由的社会里，你不能说挑衅我们的是印度媒体，你应该管它叫印度某个政党的媒体。这样大家就比较清楚了。

我觉得今天我们的媒体可以做到说，日本右翼媒体如何如何，这已经是一种进步了。日本右翼说了什么，而不是说日本有一个报纸说了什么或者日本说了什么，这是大不相同的。因为前者只是社会的一部分，不能代表整个社会。要是你去了日本，你会发现它大部分的国民也很平和。当然也有叫嚣的，因为每个国家都有左翼、右翼，有不同团体的利益，他要叫嚣一些东西，其实是为了竞选，为了选票。所以大家以后看到那些国家有一些媒体的声音，要清楚地知道，那不是那个国家的声音，那只是那个国家的某一个党派或者某一个政客，为了自己的利益而叫嚷的声音。

我去了伟大的泰姬陵，世界七大奇迹之一，确实很辉煌壮伟，美丽极了，而且让我最感动的是**它是为爱情而建的**。世界上的其他几大奇迹，包括中国那些伟大的建筑，大部分都是统治者为了彰显自己的权力才建起来的，很少有是为了爱情的。所以去看泰姬陵的时候，会觉得很感动——原来爱情在全世界都是最美好的东西。不过有一个问题，当你走进泰姬陵时，你会闻到一股极重的脚丫子味儿，所以当时我进泰姬陵，待了五秒钟就飞快地跑出来了。

在印度那次，我请了一个印度的佛学教授陪我，我们经常坐那儿论道。他给我讲的东西特别有意思，他讲的都是印度原始佛教，跟传到中国经过改造以后的大乘佛教有很多不同。他讲到当时佛教为什么点香，说这个点香其实就跟天气有很大关系。因为印度太热了，我冬天的时候去都有 40℃。他说当年佛陀在讲经的时候，那么多人在下面坐着，天又热，散发出的体味会干扰佛陀——当然实际上也不会干扰到佛陀，因为佛陀已经平和清静，不过会干扰其他很多人，所以就发明了点香的办法，用点香来遮盖体味，让大家在听佛陀讲经的时候能特别平和。后来点香就逐渐

△ 在一个女人地位如此卑微的国家，有一个皇帝，因为爱情，为已故的皇后建了这样美得动人的纯白色大理石陵墓。据说"泰姬"陪同皇帝沙·贾汗征战沙场、共同创业，建立帝国。作为患难夫妻，泰姬在生完十四个孩子之后去世。沙·贾汗得知这个消息一夜白头，用了二十多年的时间修建这座如"天堂花园"一般迷人的建筑群。有一种说法，说是建完泰姬陵之后，沙·贾汗想要在河对岸为自己建一组一模一样的黑色大理石陵墓，然后在河面修建一座黑白色大理石交汇的桥。但是他的儿子造反，将他囚禁，这个愿望没有实现。晚年的沙·贾汗皇帝被囚禁在距离泰姬陵不远的阿格拉堡，我去参观了他被囚禁的房间，有一扇窗，可以远远望到泰姬陵。据说他就这样遥望着爱妃的陵墓，抑郁而死。

第十二期·北纬三十度 文明古国的平和之道（下） 邵夷贝点评

发展成了佛教的仪式。

他还给我讲了很多关于原始佛教中有意思的东西，其中有几个可以拿来说一说。比如，他说佛祖并没有要求吃素，佛祖要求的是托钵，每天只能敲三次门。你不能挑食，因为贪、嗔、痴是佛最反对的，你挑食就是贪。你托钵去化缘，敲开施主的门，施主给你一个鸡腿，你不能说："对不起，必须给我炒一豆腐，我不吃鸡腿。"然后再去敲下一家的门，最后敲完一百家，挑了两个最好吃的吃，那不是佛祖的意思。佛祖的意思是每天托钵只敲三次门——当然我说的是原始佛教，如果敲三次门都没有化到缘，今天就不吃了。而且敲三次门人家给什么就吃什么，因为施主布施什么，都是对你行善，你不能挑食。所以佛祖并没有要求吃素，吃素是汉传佛教后来自己经过各种各样的改良发明的。

他给我说了很多有意思的事情，我也跟他讲了一点我们文化里有意思的事情。我说我们汉传佛教里，给了"佛"和"僧"两个字单独的两个发音。汉语里每一个发音都分成"阴平、阳平、上声、去声"四声，每一声里又有很多同音字，但我们为了敬佛，"佛"这个的发音只有阳平这一个声调，就是中文汉语里发出"佛"这一个音的就仅仅只有"佛"这一个字。所以不管在中华大地的任何一个地方、什么口音的人说出"佛"这个字，大家都不会有歧义，都知道是"佛"，这是我们对佛的一个巨大的尊重。

僧也是如此。僧这个发音除了阴平这一声调，也没有念其他声调的，"僧"也只有这一个字，这说明我们对僧也很尊敬，专门给了"佛"和"僧"这两个汉字单独的汉语读音，四声里头只有这一个字。而且它们的写法也很有意思，"佛"是"弗人"，就是已经不是人了，"僧"是曾人，就是曾经是人。先是要从人变成曾经是人，但还不是佛。当变成佛的时候，那个字叫"弗人"。

我并不研究佛教，我虽然敬佛，但我不信佛，我只是每一次都对佛挺感激的。每次我去庙里，别人跪着，我就在旁边说："佛，好久不见，我都老了，你还这么年轻。"我猜佛也爱听，这句话谁都爱听——我都老了，你还没变。

让我特别感动的是，这位佛学教授在

印度的收入并不高，当时我跟他讲好了一
个价钱，每天大概几十美金，也是不低的
一笔收入。但最后他跟我说他不要这笔钱
了。我问他为什么，他说他感觉到我就是
佛说的那种魔。

大概是因为我天天跟他激烈地辩论各
种事情，那时候我也年轻，我就说我觉得
魔挺好，魔自然，魔五彩斑斓，佛清淡悠远。
他说他希望我能一心向佛。他说佛当时不
知道有艺术家这么一种人，佛说的是国王、
医生跟教师如果一念向善，那就功德无量。
国王不光是国王，也是一个国家的人民；
医生不光是自己，也是别人的生命；教师
也一样，是别人的世界观。

他说佛说过，国王、医生、教师这三
种人，如果一念向善，就能影响很多人；
如果一念向恶就会万劫不复。他说其实艺
术家也是这样的，你创作的作品如果能影
响很多人的话，那你就跟国王、医生和教
师做的事情是一样的，他希望我能向善。
他这么说，让我特别感动。那是我对佛教
生出特别的感动的一次历程，它远超过我
在国内看过那么多庙里面的佛的经历，虽
然对于佛教我信得很少，但是这个佛学教

授是让我特别感动的一个人。

不管是佛教还是印度教，宗教气氛都弥漫在印度这个国家里，但是你还是能看到个性十足的年轻人。**这里的年轻人和世界其他地方的年轻人一样**。在孟买的街上，你还是能看到有年轻人穿着很短的裙子，听到从迪厅里传出来的各种音乐。在周围很多酒吧里，他们会抽那种大水烟，跟好几节的大葫芦似的，拿着那么大一个东西在抽。这里的年轻人还是那么欣欣向荣，还是那么追求时尚，还是会追求欧美的那些前沿的东西。

而且相比中国，印度有一个优势，就是印度人普遍能说英文，因为它曾被英国统治过很多年。也因为这个原因，后来中国变成"世界工厂"的时候，印度就成了"世界办公室"。刚去美国的时候你可能会挺不习惯的，因为美国有大量的 800 客户服务电话，你一打过去就像是转接到印度去了。因为人工客服电话需要大量的人力，而美国人工太贵，于是美国人将这些都分包给了印度人。

另外，印度的软件业也是世界领先的，大量的软件公司都非常好。所谓的"世界

△ 之前提到过的那个有三个姐姐的家中独子，是一个只有二十岁的狂热摇滚迷。他不仅知道所有我知道的乐队，还听了很多特别新的、我没听说过的乐队。他用印度慢得出名的网速上 youtube，给我分享了一个特别新的德国重金属乐队现场视频，并跟着视频在电脑前面甩头，特别牛！要知道他从小就住在菩提迦叶未曾离开过。虽说那是佛祖悟道的佛教胜地，却是一个从这头走到那头用不了两小时的小镇，连火车站都没有呢！

办公室"，就是指它这种服务性的行业特别多。印度人说英文带有比较重的口音，他们也会培训英美口音，但刚开始听印度口音的英文还是会觉得特别困难，后来才慢慢熟悉。因为你老打800的客服电话，要求各种服务，老听到印度口音的英文，慢慢也就习惯了，也能听得懂。所以年轻人普遍会说英文这个优势是很大的，因为这样他能更快地接受西方的各种东西。你看印度的电影、音乐等，都是非常现代化的东西。

那一次的印度行，这个国家给我留下了非常深的印象。从孟买飞到上海的时候，我旁边坐了一对英国老夫妻，他们先去了印度，然后又到中国来。他们是第一次来中国，在飞机上他们问我：英国的报纸天天都在拿中印两国比较，讲经济快速发展的"金砖四国（BRIC）"，中国是金砖里面的那个C，印度是金砖里面的那个I，你怎么比较这两个国家？我们马上要降落在上海了，上海是什么样子，能跟孟买、新德里的现代化比吗？我当时就跟他们说，上海、北京的样子不是跟孟买、新德里比，是比伦敦还要现代化。他俩都惊了，说："真的吗？"我说是真的，你到上海能看到那么多新的高楼大厦，伦敦都没有多少新的高楼，在上海能看到那么漂亮的地铁，伦敦的地铁都已经老得不行了，还是小说里福尔摩斯的那个"贝克车站"。

但是，印度和中国这两个国家有很大的不同：你可以看到跟伦敦、巴黎相比都很现代化的北京和上海，可是你看到在这些高楼大厦里和漂亮的立交桥上来回穿梭的人们，很少有笑的，都绷着个脸，很紧张；可是在印度街头看到的人都在微笑，人们都很平和。印度的经济发展缓慢跟这有关，他们赶不上我们，是因为我们是一个拼了命的民族，而他们是一个要祈祷、要宗教、要平和的民族。一个百分之七八十的人都吃素的国家，对物质能有什么追求？人家又不像我们，又要吃鱼又要吃肉，要吃这个那个的，只要发了财就什么都要吃。

我跟那对英国夫妇讲，这两个国家应该互相了解，印度人不知道中国很现代化、很发达，他们甚至以为中国还不如他们呢，而中国人也不知道印度是个什么样的国家，总是怀有各种各样的偏见。

最后离开印度的时候，我很感动：陪

我论道的那个佛学教授深深地感动了我，
印度整个社会的平和也令我感动。贫民窟
那么大，到处见不到警察，但是犯罪率却
很低，几乎见不到小偷，这是他们应该值
得骄傲的地方。

相比之下，我们的宗教太禁欲了。

印度教的寺庙里可以看到对性的崇拜。

说！今天必须从我们里面选一个！

咖喱味 咖喱味

救命……

方便面

虽然印度咖喱很好吃，但是顿顿咖喱后想念方便面如同想念家乡父老。

我在探索人生的真谛，你们不会明白的！

因为信仰的关系，他们的幸福感不是建立在物质上的，这是无神论教育里长大的人无法通过逻辑理解的。

懦夫是不会有爱的，爱是勇者的特性。

大部分国家的独立都经历了战争，只有印度是靠甘地的"非暴力不合作"而成功。

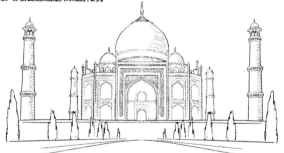

世界上大部分文明古国的伟大建筑，都是统治者为彰显自己的权力而建的，只有泰姬陵，它是为爱情而建的。

图书在版编目（CIP）数据

晓说 . 2 / 高晓松著 . —北京 ：北京联合出版公司，
2013.4（2015.1 重印）
ISBN 978-7-5502-1415-6

Ⅰ . ①晓… Ⅱ . ①高… Ⅲ . ①随笔－作品集－中国－
当代 Ⅳ . ① I267.1

中国版本图书馆 CIP 数据核字（2013）第 052938 号

晓 说 .2
作　　者：高晓松
选题策划：铁葫芦图书
责任编辑：刘凯
特约监制：阚牧野
特约编辑：樊广灏　孙秋臣
封面插画：张泽满
封面设计：任凌云

北京联合出版公司出版
（北京市西城区德外大街 83 号楼 9 层　　100088）
北京博艺印刷包装有限公司印刷　　新华书店经销
字数 100 千字　880 毫米 ×1230 毫米　1/32　7.25 印张
2013 年 4 月第 1 版　　2015 年 1 月第 6 次印刷
ISBN 978-7-5502-1415-6
定价：32.80 元

铁 葫 芦

2013 年即将出版

《舍我其谁：胡适》（第二部：日正当中，1917—1927） 江勇振 著

2011 年度十大好书作者、哈佛博士江勇振苦心经营，匠心独具

权威、翔实、体贴入微，堪称胡适的隔代知己

胡适研究，"大书特书"；论世知人，《舍我其谁》

《金庸传》（修订版） 傅国涌 著

你读过金庸的武侠小说，却未必了解金庸其人。

《国会现场：1911—1928》 叶曙明 著

中国梦，宪政梦。民国国会百年祭。

重返国会现场，评骘是非成败，见证民国宪政实践的沧桑。

2012 年已出书目

《梁启超传》 解玺璋 著

读懂梁启超，就能读懂近代中国。刘再复作序，雷颐、止庵、吴思阅后推荐

2012 年新浪中国好书榜年度十大好书；中国图书商报 2012 年中国影响力图书榜

《开放力：基业长青的经营王道》 郭宇宽 著

茅于轼、张大中作序，柳传志、陈志武、吴思阅后盛赞

没有开放就没有中国企业的今天，不深化改革就没有中国企业的未来。——柳传志

《民国衣冠：风雨中研院》 岱峻 著

为山坳上的学术殿堂立碑 为凄风苦雨中的学人塑像

许倬云感慨作序：读了岱峻先生的大作，既感亲切，又多感慨。这本书中的故事，

在我而言，犹如家乘。

《我们曾历经沧桑》 邢小群 著

受访人：灰娃 何方 贺延光 李大同 杨乐

他们的故事，诉说着 20 世纪中国的心事。

官方微博 http://weibo.com/tiehulu **豆瓣小站** http://site.douban.com/tiehulu

地 址 北京市朝阳区外馆东街 23 号院，100011

铁 葫 芦

《二十位人性见证者》 阮义忠 著

作者阮义忠以亲切活泼的笔调及丰富的摄影作品，介绍了桑德、布列松、卡帕、阿勃丝、寇德卡等二十位 20 世纪最具影响力的杰出摄影家的生平经历与影像风格。他们记录人生百态，揭露最真实的人性，作品都打上了强烈的个性化的印记，表达出摄影家的观念、情感以及他们观察和触摸外部世界的方式，他们是 20 世纪的"人性见证者"。

《无后为大》 关军 著

作者叙述了对于生命创造的敬畏，向繁育子女的传统观念发起挑战，批评了生养关系中的占有欲和控制欲、孝道的荒诞、经验主义对自由的限制和家庭角色的错乱，并将挑战延伸到社会环境，对政治、社会、教育体制、环保现状进行了批判。

《通俗爱情》 叶扬（独眼）著

这里有四个故事，是软蛋、偷情者、酒鬼和孕妇们的故事。无计可施的不只是爱情上的求不得，他们困扰，正是因为得到了爱。

《好天气谁给题名》 仙枝 著

台湾女作家仙枝曾与朱天文、朱天心同师承于胡兰成，《好天气谁给题名》收录了她在《三三集刊》上发表的 51 篇散文，围绕日常生活的主题，写身边每天都在发生的人情世故。

《绿皮火车》 周云蓬 著

周云蓬，最具人文精神的民谣音乐代表。他把自己游唱、知人、遇事的经历写成文字。这位盲人歌者内心广阔的世界，会令"正常人"倍感羞愧。

《方圆四十里》 王小妮 著

著名诗人、《上课记》作者王小妮首部长篇小说。最冷静、最优美、最令人心碎的知青岁月再现。

官方微博　http://weibo.com/tiehulu　　豆瓣小站　http://site.douban.com/tiehulu
地　　址　北京市朝阳区外馆东街 23 号院，100011

铁 葫 芦

铁肩担道义　葫芦藏好书